Philosopher's Stone Series

哲人石丛书

立足当代科学前沿
彰显当代科技名家
绍介当代科学思潮
激扬科技创新精神

策 划

潘 涛 卞毓麟

Philosopher's Stone Series

当代科普名著系列

她们开启了核时代

不该被遗忘的伊雷娜·居里和莉泽·迈特纳

威妮弗雷德·康克林 著

王尔山 译

上海科技教育出版社

图书在版编目(CIP)数据

她们开启了核时代:不该被遗忘的伊雷娜·居里和莉泽·迈特纳/(美)威妮弗雷德·康克林著;王尔山译. —上海:上海科技教育出版社,2017.11

(哲人石丛书.当代科普名著系列)

书名原文:Radioactive!: How Irène Curie & Lise Meitner Revolutionized Science and Changed the World

ISBN 978-7-5428-6626-4

Ⅰ.①她… Ⅱ.①威… ②王… Ⅲ.①伊雷娜·居里(Curie, Irène 1897—1956)—生平事迹②莉泽·迈特纳(Meitner, Lise 1878—1968)—生平事迹 Ⅳ.①K835.656.13②K835.166.13

中国版本图书馆CIP数据核字(2017)第249342号

内容提要

1934年,伊雷娜·居里与她的丈夫弗雷德里克·约里奥合作,发现了人工放射性,为人类改变元素及创造新元素铺平了道路。他们因此于1935年获得诺贝尔奖。但是,身为法国女性的伊雷娜却被保守的法国科学院拒之门外。1938年,另一位女科学家莉泽·迈特纳洞察到核裂变的秘密,从而直接引发了一场科学革命,原子能和原子弹由此而来。然而,她的成就却未能得到诺贝尔奖委员会的承认。

尽管这两位女性在男性科学家统治的领域取得了至关重要的前沿突破,但她们的故事却在岁月的长河里鲜为人知。作者以纪实写作的冷静笔触,还原了这个如小说般惊心动魄、引人入胜的故事。

作者简介

威妮弗雷德·康克林(Winifred Conkling),长于为年轻读者撰写虚构类和纪实类作品的作家,其作品包括《珍珠号上的旅客——埃米莉·埃德蒙森逃离奴役纪实》(*Passenger on the Pearl: The True Story of Emily Edmonson's Flight from Slavery*)以及小说《西尔维娅与艾奇》(*Sylvia and Aki*),曾获简·亚当斯儿童文学奖和托马斯·里韦拉奖。她在美国西北大学学的新闻专业,在佛蒙特美术学院获得美术硕士学位。

目录

关于人名的用法

本书故事的主角是莉泽·迈特纳(Lise Meitner)与伊雷娜·居里(Irène Curie),同时也涉及居里家族其他成员的生活,包括玛丽·居里(Marie Curie)、皮埃尔·居里(Pierre Curie)、夏娃·居里(Ève Curie)和弗雷德里克·约里奥-居里(Frédéric Joliot-Curie)。此外,作为已婚女性,伊雷娜有时候用"居里"作为姓氏,有时候用"约里奥-居里"。因此,为了避免读者在阅读时被混淆,本书除了遵循约定俗成的做法,在一位人物第二次和后续出场之际采用其姓氏作指代,也会在可能引起混淆的情况下,对居里家族的成员改用名字指代。这么做的目的是确保叙事清晰,绝不表示降低人物地位或对人物不敬。

第一章

“世界上最美妙的实验”

属于他们的时刻终于来了:1933 年秋天,科学家伊雷娜·约里奥-居里(Irène Joliot-Curie)和弗雷德里克·约里奥-居里(Frédéric Joliot-Curie)应邀在比利时布鲁塞尔举行的第七届索尔维大会上就他们的最新研究进展做演讲。一想到能在自己的学界偶像们——大约 40 位全球最顶尖的物理学家——面前介绍自己的工作,这对法国科学家夫妇就激动万分,迫不及待要用自己关于原子属性和结构以及原子如何运转的洞察给听众们留下深刻印象。

约里奥-居里夫妇都属于出席索尔维大会的科学家里面最年轻的几位,当时伊雷娜 36 岁,弗雷德里克 33 岁。作为一个研究团队,他们在过去这些年已经赢得了善于从事有趣的研究工作的名声,但这一次注定要成为他们脱颖而出的时刻,一举走出伊雷娜父母、诺贝尔奖得主玛丽·居里(Marie Curie)和皮埃尔·居里(Pierre Curie)的光环。玛丽自从索尔维大会开始至今年年出席,伊雷娜和弗雷德里克却是第一次得到邀请。

弗雷德里克几乎无论什么时候都显得那么胸有成竹、充满自信,但这一次不一样,当他准备走上讲台,他的紧张显而易见。在场的男性观众多半留着当时流行的小胡子或络腮胡子,弗雷德里克却喜欢把脸刮得干干净净,这让他显得更年轻。此刻,伊雷娜站在弗雷德里克身边,弗雷德里克负责讲解他们的发现,提出关于原子结构的一种新的思路。

直到20世纪初,物理学家才刚刚对原子的结构有所了解。我们现在都知道,原子,作为物质的基本组成部分,包括一个核心,这个核心叫作原子核,原子核又由带有正电的质子、不带电的中子组成,而原子核被带负电的电子环绕。这些现在被视为常识的信息,在20世纪30年代却是科学家们孜孜以求要解开的谜团。

就在约里奥-居里夫妇准备介绍他们的发现的时候,物理学家依然认为,原子核由质子和电子组成,这两种粒子分别带正电和负电。在整个20世纪30年代,原子结构即使对于最才华横溢的科学家来说也是未知领域。诺贝尔物理学奖得主沃尔夫冈·泡利(Wolfgang Pauli)这样解释当时的知识状况:“物理学再次陷入一团乱麻,我感到束手无策,恨不得自己当初选的是喜剧电影演员或其他什么职业而从来没有听说过物理学这东西。”

原子结构(超)简史

• 古希腊哲学家**德谟克利特**(Democritus,公元前460—前370)提出一个理论,认为宇宙万物皆由微小、不可见且不可分解的粒子组成,这些粒子叫作原子。

• **约翰·道尔顿**(John Dalton,1766—1844)认为原子可以结合并组成化合物。他将原子视为实心体。

• **约瑟夫·约翰·汤姆孙**(Joseph John Thomson,1856—1940)发现带负电的电子。他提出了原子的葡萄干布丁模型,原子作为“布丁”,是一团带正电的物质,带负电的小小的电子像布丁上的葡萄干一样随机分布在其中。后来出现一个更新的版本,将电子比作曲奇饼上的巧克力碎片,或者玛芬蛋糕上的蓝莓。

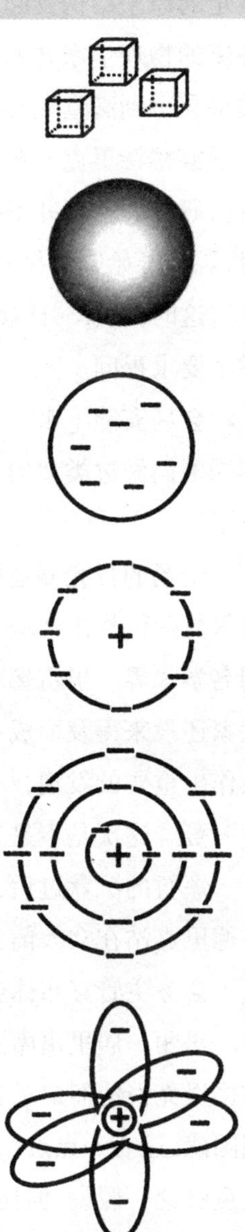

- **欧内斯特·卢瑟福**(Ernest Rutherford,1871—1937)在 1911 年改写了人类对原子结构的认识。他做了一个实验,向一张金箔发射电子。多数电子穿过了金箔而没有改变原来的运动方向,有一部分电子却被弹了回来或改变了原来的运动方向。他由此得出结论:金原子的绝大部分质量集中在中心原子核,原子核周围环绕着电子。

- **尼尔斯·玻尔**(Neils Bohr,1885—1962)认为,电子环绕原子核旋转的轨道是固定的,就好像行星围绕太阳运转一样。他提出的原子模型包含一个由质子和中子构成的原子核。

- **现代原子模型**,有时称为**电子云模型**,它对玻尔的模型作出了修正,认为不能确定一个电子在任何时刻的准确位置或准确速度,只能说电子出现于某处的概率是多少。如果按照概率大小画点显示电子可能的位置,点浓密处表示电子最有可能出现,反之,则表示电子出现的机会少。这样就会得出一团"云",但不能给出其明确的边界。这一原子模型充分考虑了电子的复杂而怪异的行为。

伊雷娜和弗雷德里克要在索尔维大会上介绍他们的工作，对当时认定的原子结构发起了挑战。当他们开始介绍他们如何发现了中子，在座的物理学家并未感到信服。伊雷娜和弗雷德里克满心以为自己的演讲会得到满堂喝彩，但是，恰恰相反，同行质疑他们的结果。英国物理学家帕特里克·布莱克特(Patrick Blackett)认为约里奥-居里夫妇对自己研究的解释并不靠谱。而当伊雷娜站到前台试图捍卫他们的发现时，观众开始交头接耳，依然持怀疑态度。

这时，莉泽·迈特纳(Lise Meitner)，一位声誉斐然的德国科学家，举手要求提问。

会场安静下来。主席点了迈特纳的名字。迈特纳站起来，说："我和同事们做过类似的实验，我们未能发现哪怕**一个**中子。"说完她就坐下了。

全场的目光唰地回到伊雷娜和弗雷德里克这边，大家都在屏息静气等待他们作出回应。迈特纳以一丝不苟的研究和机智的实验设计而闻名学术界。伊雷娜和弗雷德里克在这一领域却是后来者，对于他们，大家还没来得及形成一个看法。过去这些年，这对法国夫妇好几次差点作出重要的发现，却都在解释自己的实验结果时犯了关键性错误，功亏一篑。这次是不是又要重蹈覆辙？

短暂的沉默过后，会场陷入混乱，大家开始各种讨论。伊雷娜和弗雷德里克站在众人前，面面相觑，既尴尬又困惑。

会务主管宣布休会片刻，让大家有机会起来走动走动，平复一下情绪。玛丽·居里出席了大会，但现在正忙着与人谈话，于是伊雷娜和弗雷德里克悄悄溜进了会场后面的花园，他们对刚刚发生的一幕依然感到困惑，还有一点点生气。他们并不反对在后续更多的跟进实验中检验自己这一假说，但让他们感到意外的是，他们这一实验发现的准确性受到了公开的质疑。

伊雷娜和弗雷德里克非常自信，认为自己在研究过程中没有犯任何错误，至少这次没有。他们已经反复核查过实验的结果，考虑过这些结果所有的可能解释。他们可不想错过机会,一定要在这一重要科学突破上留下自己的名字。

休会期间,出席大会的其他代表多半三五成群在讨论,却没有将伊雷娜和弗雷德里克纳入自己的交谈圈子。这信息再明确不过了:学术精英选择站在迈特纳这边,认为约里奥-居里夫妇再次失手了。也许这对年轻的法国夫妻做实验做得太着急了,太急于抢在其他人进入这一领域以前作出一个发现。

在场只有两位同行给他们送来了一点鼓励的话语。丹麦物理学家尼尔斯·玻尔特意在休会期间走过来对他俩说:"你们正在做的研究具有最高的重要性。"稍后,奥地利物理学家沃尔夫冈·泡利也对他俩说:"祝贺你们。不要放弃。"也许这两位学者已经意识到,假如伊雷娜和弗雷德里克是对的,那么,原子核的结构的复杂程度就会大大超出当时研究人员普遍认定的范围。他们当然知道,物理学依然充满奥秘,还有太多的谜团有待解开。

水到渠成之夜

当伊雷娜和弗雷德里克回到巴黎镭研究所他们自己的实验室时,他们的心情是沉重的,不过他们也下定了决心要重建自己的名声。伊雷娜对他们的研究坚信不疑,她尽管在会议现场没有挑战迈特纳,却打定主意要重复自己的实验,捍卫自己的发现。

起先看来像是挫折的这次演讲,最终证明对他们是有利的:约里奥-居里夫妇的研究在会场现场受到广泛无视,因此其他研究人员就没有产生足够浓厚的兴趣,要去调查他们的说法或重复他们的实验。这对伊雷娜和弗雷德里克来说就意味着他们的研究没有竞争者。约里奥-居里夫妇重复了自己的实验,得出了相同的结果。他们继续研究,不断对自己的做法做一些小的调整。

1934 年 1 月 11 日,索尔维大会过去 3 个月后,伊雷娜和弗雷德里克再次工作到夜深人静。伊雷娜待在楼上的化学实验室,而弗雷德里克在地下室的物理实验室做实验。这天晚上弗雷德里克用的是他最喜欢的实验仪器,一台威耳逊云室,这是用发明者苏格兰物理学家查尔斯·威耳逊(Charles Wilson)的姓氏命名的。这仪器让科学家可以观察肉眼难以看到的事物。弗雷德里克对这台设备做了一些改动,但基本原理还是一样的:设备主体是一个玻璃箱子,里面充满达到饱和状态的水蒸气或酒精蒸气。当一个带电粒子穿过云室,首先就会在粒子周围形成微小的云雾,云雾再变成一个个小液滴,继而随着这个粒子的运动而形成一道细微的雾状轨迹,从而让粒子的运动轨迹或者说蒸气尾迹肉眼可见。

通过观察云室里的蒸气尾迹,研究人员可以看到亚原子粒子的运动。这种蒸气轨迹,就像飞机在天空留下的白色尾迹,只会延续很短的时间,比如几分之一秒,因此威耳逊云室配备了一台高速摄影机,将液滴的运动拍下来以做后续研究分析之用。“被置于这个密闭区域的一个无限小的粒子,随着许多液滴一个接一个的凝结而有机会形成自己的运动轨迹,”弗雷德里克说,“这难道不是世界上最美妙的实验吗?”

在索尔维会议提交的约里奥-居里实验细节

1932 年,伊雷娜·约里奥-居里和弗雷德里克·约里奥-居里开始做一系列旨在寻找正电子的实验,那是一种刚刚发现的亚原子粒子,质量相当于一个电子,却带有一个正电荷,而不是一个负电荷。在研究中,他们用 α 粒子轰击不同的元素,α 粒子是由放射性元素发射的亚原子粒子。当他们用 α 粒子轰击中等质量元素时,他们发现,这些元素发射出质子。但是,当他们用 α 粒子轰击轻质量元素时,这些元素却同时发射出中子和正电子。

约里奥-居里夫妇不明白 α 粒子为什么会在一些时候激发出质子，而在另一些时候激发出中子和正电子。基于实验结果，他们总结说，质子是由中子和正电子构成的。这就是他们在 1933 年索尔维会议上提交的实验。（后来他们意识到，他们的发现是准确的，只是他们的解释有问题。）

除了使用威耳逊云室，弗雷德里克还在他们的研究中使用了放射性元素。稳定元素的原子并不释放能量。与这样的原子不同，放射性元素的原子处于持续的衰变中，或者说一直在发射亚原子粒子并释放能量。在威耳逊云室旁边放置一份放射性钋的样本，约里奥-居里夫妇就可以"看到"从钋释放的 α 粒子。再将稳定元素放在放射源和威耳逊云室之间，他们就能判断，α 粒子会不会受到稳定元素的阻挡，会不会穿过稳定元素然后发生改变，或者 α 粒子会不会导致另一种亚原子粒子（比如中子或质子）的释放。

弗雷德里克做好准备要进行一个新的实验，用的是一台威耳逊云室和一台盖革计数器，后者是用来衡量辐射的设备。在最初的实验里，约里奥-居里夫妇将一小片铝箔放在钋和威耳逊云室之间。他们想知道，粒子撞击铝箔的速度会不会影响释放出来的粒子的类型，而这可以解释为什么其他研究人员的实验未能得出跟他们一样的结果。

现在，作为跟进实验，弗雷德里克将钋放在铝箔旁边，用威耳逊云室衡量穿过铝箔的粒子，这跟他和伊雷娜在最初实验中的做法是一样的。不过，这一次，他慢慢地将钋远离铝箔，同时让盖革计数器继续处于工作状态。他预计，随着钋和铝这两种元素的距离逐渐加大，从钋发射的射线的强度会逐渐减弱，但他却发现了更加有趣的事情。

让他感到大吃一惊的是，盖革计数器的滴答声在继续，这表明放射性依然存在，并且即使钋已经被移出较远距离，放射性也没有减弱。弗雷德里克本以为盖革计数器的滴答声会渐渐减弱直至消失，但这滴答声持续了好几分钟。他不明白这是怎么回事:这时候的铝箔看上去就像是自己具有了放射性一样。

弗雷德里克不敢相信自己的眼睛。这结果说不过去啊。他重做了一次实验,却再度听到了滴答声。难道发生了什么事情,让铝具有了放射性?

α射线、β射线与γ射线

20世纪初,科学家发现3种类型的辐射,分别命名为α、β和γ,这是希腊字母表的前3个字母。现在我们已经知道,不稳定的放射性原子核总是要通过释放以下3种辐射之一来达到稳定。

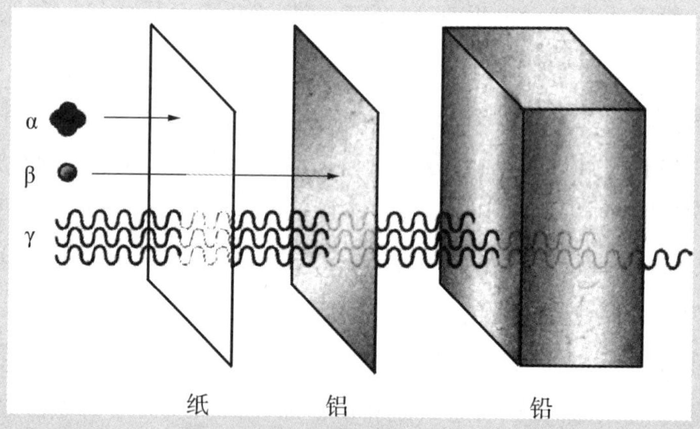

• **α辐射:** α粒子就是氦原子核(两个质子、两个中子),它们属于相对较大的重粒子,在空气里走不了几厘米就会停下来,不能穿透人体皮肤或衣物。一张普通的纸就足够将它们挡住。不过,α粒子若是以镭射气(氡气)的形式被吸入或吞咽,依然是很危险的,会对人的内脏器官造成辐射损伤。

• **β 辐射**:β 粒子是由放射性元素放射的电子。在空气里可以穿行 15 厘米左右的距离。β 粒子可以穿透皮肤,直达可产生新细胞的层次。厚重的衣物可以提供一定程度的保护,3 厘米厚的木板可以屏蔽绝大部分 β 辐射。

β 衰变可由两种方式发生:一个质子衰变为一个中子和一个正电子,或一个中子衰变为一个质子和一个负电子。

• **γ 辐射**:γ 射线是一种波长短、能量高的电磁辐射。α 辐射和 β 辐射都是由亚原子粒子构成的,而 γ 辐射以纯能量形式出现,因此通常会说这是一种"射线",而不说这是一种"粒子"。

γ 射线在空气里可以穿行数十米至数百米,可以深深穿入人体组织并造成伤害。要阻隔 γ 射线必须动用厚重的物料,比如厚达几厘米的铅板或几十厘米的混凝土。

弗雷德里克三步并作两步冲上楼去,径直闯入伊雷娜的实验室。他将她带到地下室,让她看他再做一次实验,却不告诉她接下来会发生什么。就这样,他重做了一次实验,再度听到盖革计数器继续滴答作响,好几分钟以后才渐渐减弱并最终安静下来。伊雷娜马上看懂了滴答作响的盖革计数器意味着什么:放射性。钋将自己的放射性转移给了铝。**他们创造了人工放射性**。这是一次足以改变一生的发现,一次足以奠定职业地位的突破,也是他俩孜孜以求的目标。

证 明 自 己

伊雷娜和弗雷德里克知道他们要做什么:他们有 3 天时间准备一份详细的报告,在下周一的法国科学院每周例会上提交。接下来的星期五和星期六他们都忙于这一项目。星期六晚上 7 点左右,他们的一位同事准备下班离开实验室。弗雷德里克叫住了他,请他重复那个实验,但不告诉对方任何细节:到了这时候,约里奥-居里夫妇需要第三方独立验证他们的发现。这位同事重复了实验,取得了同样的结果。

约里奥-居里创造了一种短寿命的放射性元素。α 粒子由两个质子和两个中子组成,是放射性衰变时释放的一种辐射。约里奥-居里夫妇认识到,在他们的实验里,铝吸收了从钋释放出来的 α 粒子,经过大约 3 分半钟的时间,变成了具有放射性的磷,再进一步衰变成为相当稳定的元素——硅。磷具有放射性且不稳定,硅不具有放射性且稳定。他们知道自己这一发现会让人难以置信,因此他们需要物理的和视觉的证据,在他们可以向全世界宣布以前证明自己的发现。

制造人工放射性

约里奥-居里夫妇的实验证明了**嬗变**过程的存在,一种化学元素可以转化或改变为另一种化学元素。在这个实验里,铝被转化为具有放射性的磷,并进一步变成硅。

铝 + α 粒子→具有人工放射性的磷 + 中子

具有人工放射性的磷的半衰期为 3 分半钟,之后就会进一步衰变为硅:

具有人工放射性的磷→硅 + β 辐射

3 分半钟这么短的半衰期,意味着伊雷娜和弗雷德里克在整个实验过程当中只有很短的时间可以做实验并收集所需要的数据。在他们开始做实验以前,他们将需要用到的设备一一摆好,并演练这一过程,以最大限度确保他们的合作精准而高效。这是他们证明自己的机会,他们可不想在这次研究过程留下任何纰漏。

伊雷娜想出了一个天才的实验设计,这要求她和弗雷德里克合作无间,迅速而准确。首先,弗雷德里克将铝箔放在钋的旁边,创造出一种新的具有放射性的铝。然后,将具有放射性的铝放入一个带塞的玻璃试管中。接下来,伊雷娜往试管中加入盐酸(氯化氢)。铝渐渐溶解于酸,所发生的化学反应的结果是生成氢气和放射性磷气。伊雷娜将这具有放射性的气体从玻璃试管取出,留下稳定(不具有放射性)的铝盐,盖革计数器确认了这气体本身具有放射性,而另一个跟进实验证明了这气体确实就是磷。实验顺利完成,伊雷娜满怀喜悦地看着弗雷德里克在镭研究所的地下室实验室里激动得手舞足蹈。这个发现具有重大意义,并不仅仅对作为科学家的他们是这样,对全世界亦如此。

回顾20世纪初,玛丽·居里和皮埃尔·居里对**天然**放射性的发现在科学上掀起了一场革命,为原子物理学奠定了基础。借助放射性元素,研究人员可以进行实验以建立和测试关于原子结构的理论,这些理论从根本上改变了人们对万物运行之道的认识。

现在,伊雷娜和弗雷德里克发现了**人工**放射性,这注定要为物理学的世界带来改变。天然放射性元素稀有而昂贵,人工放射性元素的创造,意味着可以在实验室里合成这些元素,从而使放射性元素变得更加容易获得且更加廉价。

发现人工放射性是核科学革命的第一步。弗雷德里克后来说:“科学家一旦可以随心所欲地拼接或分拆元素,就有能力引发具有爆炸性质的嬗变。”不过,尽管弗雷德里克当时可能已经想象科学家将一种元素变成另一种元素的令人激动的前景,却没有预言人工放射性最终将会导致发现核裂变以及造出人类已知最具破坏力的致命武器——原子弹。

证　明

那个周末即将结束之际,伊雷娜和弗雷德里克邀请玛丽·居里和保罗·朗之万(Paul Langevin)来到实验室见证这一实验。朗之万是弗雷德里克的导师,也是居里一家的亲密好友。整个实验用了大约半个小时的时间。弗雷德里克后来这样回忆他和伊雷娜将这一发现与玛丽分享的时刻(当时玛丽的手指由于在长期的研究过程中反复接触镭和其他放射性物质而变得伤痕累累):

我永远不会忘记,当伊雷娜和我给她看放在一支小玻璃试管里的第一个[人工合成的]放射性元素时,她那种大喜过望、极度欢乐的表情。直到现在,我仿佛还能看到她颤颤巍巍地用被镭灼伤的手指拿着那一支小玻璃试管放射性元素的情景。为了验证我们跟她说的情况,她还将那台盖革计数器拿过来靠近这支玻璃试管,这样她就能听到那不绝于耳的滴答声……毫无疑问,这成为了她这一生最后一次极其心满意足的时刻。

星期一,伊雷娜和弗雷德里克在法国科学院作了题为"一种新型放射性"(A New Type of Radioactivity)的报告,这时距离弗雷德里克作出最初的发现只过了 4 天。他们发表在《法国科学院会议报告》(*Les Comptes Rendus de l'Académie des Sciences*)上的这一报告提出了证据,证明他们创造了人工放射性。几天后,他们加了一封信,把这份报告寄给了《自然》(*Nature*)杂志。

英国物理学家欧内斯特·卢瑟福写信给约里奥-居里夫妇,对他们取得的成功表示祝贺,并提到他也试过类似的实验却没能得出结果。想到索尔维大会上灾难性的一幕,伊雷娜和弗雷德里克因为终于能够证明自己是正确的而感到欣喜若狂。他们从一开始就是正确的;莉泽·迈特纳错了。在约里奥-居里夫妇向索尔维大会报告的实验里,他们**已经**发现了质子,以及中子和正电子的混合物。他们只是当时没有想明白,会场其他人也没有想明白。其实这个实验会引发一个含有两个步骤的过程,即受到来自钋的 α 粒子辐射时,铝释放了一个中子,变得具有放射性,而这具有放射性的铝再释放一个正电子,变成了稳定的硅。约里奥-居里夫妇的数据一直就是准确的,只不过现在他们终于可以解释到底这是为什么了。

迈特纳后来给伊雷娜和弗雷德里克写信,对他们的工作表示祝贺。她写道:“这些不同寻常的美丽结果的意义显然是无比深远的。”他们关于人工放射性的论文不仅重建了他们作为顶尖研究人员的名声,而且让他们的名字列入了诺贝尔物理学奖候选人的短名单。

伊雷娜对于能够创造第一个人工放射性元素以及能够跟自己的母亲分享这份喜悦而感到格外自豪。在那一刻,居里家族两代人的科学研究和科学热情完美地融合在一起:玛丽・居里和皮埃尔・居里发现天然放射性,他们的女儿和女婿发现了人工放射性。后来证明这是玛丽・居里此生感到最开心的最后时刻之一。

就在伊雷娜他们发现人工放射性之后那几个月,伊雷娜眼睁睁看着自己的母亲健康状况恶化。到了1934年夏天,玛丽・居里已经没有力气前往镭研究所。她变得虚弱无力,一直在忍受持续发烧的折磨。来自日内瓦的一位专科医生给玛丽做了检查,确诊她得了再生障碍性贫血,这是骨髓疾病的一种,没有任何康复希望。这一疾病是由长期暴露于高水平辐射导致的。

伊雷娜是一位坚定沉着的女性,但一想到自己的母亲可能不久于人世就感到心慌意乱,以至于没有办法长时间陪伴在玛丽的身边,而伊雷娜的妹妹夏娃(Ève)则一直守在母亲的床前。1934年7月4日,玛丽・居里去世了。在那一天,伊雷娜不仅失去了自己的母亲,还失去了最好的导师和楷模。

天然放射性的发现

伊雷娜・约里奥-居里和弗雷德里克・约里奥-居里发现的人工放射性,是物理学界一个具有里程碑意义的突破。对天然发生的放射性的研究,始于在当时说来差不多40年前的1895年。那时德国物理学家威廉·伦琴(Wilhelm Röntgen)发现,当高压电流通过某些低气压的特定气体时,就会产生一种明亮的绿光。他的实验形成了一种"看不见的光",能够穿透木头、书本和人的肌肉,但不能穿透金属或密度更大的物质。当伦琴将他的手置于充满这种特殊气体的屏幕前时,他可以看到自己骨骼的阴影。他将这种奇怪的射线称为"**X射线**",因为他不清楚这到底是什么。(他以为日后自己总能提出一个更加贴切的名字,没想到这名字就这样流传下来了。)

法国物理学家安东尼·亨利·贝克勒耳(Antoine Henri Becquerel)对这种现象很感兴趣。贝克勒耳的专长在于研究荧光和磷光,就是研究遇到光线或曾经被光线照射过就能在黑暗中发出光芒的东西。现在他想知道,这种所谓的X射线,是不是源于具有荧光或磷光性质的物质。他从自己的藏品里面选了好几种石头和木头进行测试,发现没有一种可以发出X射线。他继续测试了几种不同磷光和荧光物质,看看这些物质能不能发出X射线。

为了测试一个物体是否具有发出X射线的能力,贝克勒耳将其放在感光板上,用厚厚的黑纸包裹,以观察射线能不能穿透黑纸而形成影像。但是没有一个物体能够发出X射线,直到他将铀盐放在了感光板上。铀盐发出了放射性射线。

不过,此时的X射线只是研究人员的某种小小的好奇实验而已,直到玛丽·居里听说贝克勒耳的研究而决定将X射线作为自己的博士论文题目,情况才有所改观,这是1897年年初的事情。

作为调查的一部分,玛丽着手搜寻其他可能发出X射线的元素。她检查了几百种金属、盐、氧化物,以及从法国自然历史博物馆借出来的矿石。她发现,钍和沥青铀矿都会发出这种神秘的射线,沥青铀矿是开采铀、铜和钴过程中生成的一种没有用的副产品。欧洲中部许多矿区都有大堆大堆的沥青铀矿，这种矿物在那里主要用于为瓷器和玻璃器具上色。

玛丽仔细研究了一小份沥青铀矿样本，分离出铀，她已经知道这种元素具有放射性。但她惊讶地发现，一份沥青铀矿的放射性几乎是从中提取的纯铀的放射性的4倍，这就意味着，里面还有一种放射性更强的元素。玛丽随即着手从沥青铀矿中分离这种未知的具有高度放射性的元素。

皮埃尔对玛丽的工作产生了好奇心，也到实验室里与她一起研究。居里夫妇同心协力，很快就设计出一种多步骤的化学过程，将这种放射性元素从沥青铀矿中分离出来。在每一个步骤结束后，他们都会留下具有放射性的部分，同时将废物丢弃，从而步步逼近那神秘新元素的纯化形式。

1898年7月18日，玛丽前往附近一个实验室，请一位同事用摄谱仪辨认这是什么元素。当电流通过这种元素，彩虹一样的光谱呈现出来。每一种元素都有自己与众不同的光谱，因此，这位同事可以告诉玛丽，她发现了一种此前未知的放射性元素。玛丽将它命名为“**钋**”(polonium)，以纪念她的祖国波兰(Poland)。

5个月后，居里夫妇发表了一篇论文，讨论存在第二种新元素的可能性，其放射性甚至强于钋。他们将这种具有高放射性的新元素命名为“**镭**”，词源是拉丁语“光线”一词。之后，居里夫妇又花了4年时间兢兢业业做研究，用了400吨水、40吨腐蚀性化学品，最终分离出0.1克放射性物质。1902年3月28日，居里夫妇终于获得足够分量的镭，可以确认他们的确发现了一种具有高放射性的新元素，其放射性是铀的100万倍。

进入20世纪之初，玛丽和皮埃尔关于放射性的研究工作已表明，原子本身比科学家此前认定的情况复杂很多。在发现X射线和放射性以前，没有几位科学家有兴趣研究原子，因为原子根本没办法“看见”。放射性为研究人员提供了一种新工具，从此可以通过研究元素遇到辐射时的变化和反应方式来探索原子结构的秘密。尽管居里夫妇当时并没有意识到，但镭和放射性的发现，即将开启通向现代物理学的大门。

理解放射性

放射性元素有不稳定的原子，会持续释放能量，从而逐步达到稳定状态，或者说均衡状态。假以时日，所有放射性元素都将衰变为更加稳定的元素。一些放射性元素几乎瞬间就能完成衰变，另一些元素则要花亿万年的时间。比如，钋 215 的半衰期是 0.001 78 秒，铀 238 的半衰期是 45 亿年。

在玛丽·居里开始研究放射性元素以前，科学家相信，原子作为物质的最基本构成部分，是不可能分裂或改变的。换句话说，他们以为一种元素的原子永远不可能变成另一种元素的原子。放射性的发现却证明原子是可能改变的，而且放射性原子在这个改变过程会释放能量。这一洞察对原子的结构提出了新的问题，毫不夸张地说，这为现代化学和物理学奠定了基础。

玛丽在实验中发现，她所研究的元素，其辐射不会受到化学过程或外部条件的影响，她由此得出结论，认为这些神秘射线是产生这些射线的元素的原子属性。这一发现具有革命性的意义：自从艾萨克·牛顿爵士（Sir Issac Newton）在 1686 年总结出万有引力定律以来，人类再次发现一种新的物质属性——放射性。

第二章

小女王与另一个孩子

伊雷娜·约里奥-居里似乎命里注定要从事科学工作。她是诺贝尔物理学奖得主夫妇的长女,她从自己的父母那儿继承了他们的智慧以及研究物理世界的热情。伊雷娜将自己的母亲视为偶像,将她俩对物理学的一致兴趣视为强化母女关系的一种方式。

伊雷娜生于1897年9月12日,当时玛丽·居里和皮埃尔·居里结婚已经两年了。几个星期之后,皮埃尔的父亲,一位刚刚失去老伴的长者,来到他们家住下,玛丽去实验室工作的时候由他照看伊雷娜。每天早上玛丽都会帮伊雷娜穿好衣服并喂完她,这才交给她祖父照看,晚上玛丽下班回来又会自己带孩子。

伊雷娜是一个要求很高的小孩,而玛丽就是甘心宠溺的母亲。玛丽把她的女儿称为“小女王”伊雷娜,或者“野姑娘”。玛丽选择顺从伊雷娜的愿望,给她吃木薯布丁和她坚决要求的某个特定品种的苹果,希望借此维持和平。她给伊雷娜做裙子,每天晚上坐在伊雷娜的摇篮边,直到她入睡。如果伊雷娜夜里醒来,她就会大叫“妈!妈!”,直到玛丽赶来安抚她才作罢。

不过,即使是在玛丽陪伴女儿的时候,她也没有忘记琢磨镭这东西。有时候,夜深人静,伊雷娜已经入睡,玛丽和皮埃尔还会把伊雷娜交给她祖父照看,然后走15分钟路程从公寓回到实验室。他们会打开吱吱作响的大门,进入自己的工作空间,站在黑暗之中,看那奇异的蓝绿光从放在桌面上的试管和杯子里的镭中源源不断地散发出来而百思不得其解。他们就这样站在那里一言不发,满怀惊奇地看着镭,他们的"另一个孩子"。"这一闪一闪的光,看上去就像是在黑暗中蔓延,在我们心中激起了新的情感和向往。"玛丽这样写道。

玛丽将镭和放射性形容为"由她赋予生命的孩子",打算继续钻研下去,并将自己的职业生涯全部投入于此。玛丽固然疼爱自己的女儿,但伊雷娜从小就清楚地知道,她母亲的研究工作同样具有巨大的重要性。

祖父渐渐成为伊雷娜生活当中一个坚定而值得信赖的亲人。他教伊雷娜爱上科学和自然,对宗教提出疑问以及接纳激进的政治思想。长大成人以后,伊雷娜说过,"我的个性很大程度是由我祖父尤金(Eugène)塑造的,我对政治或宗教问题的反应更多是源于他而不是我的母亲。"

从性格来看,伊雷娜跟她父亲皮埃尔非常接近,都那么严肃、好奇而又聪慧过人。一般情况,伊雷娜只在她觉得有一些很有意义的事情要说的时候才会开口,并且,她会对问题进行仔细琢磨然后再下结论。她在社交方面显得有些笨拙,从来没能学会日常礼仪。在伊雷娜还很小的时候,她母亲会邀学生到家里喝茶。伊雷娜常常躲在母亲的裙子后面,每隔一会儿就站出来提要求说,"你们必须留意我一下。"而当这些学生试图抱她或是抚摸她的头发时,她又会对所有表示喜爱的举动予以抗拒。不错,她是想得到大家的注意,但她没有拿定主意,自己得到了这份注意后该怎么办。在许多场合,她的举止都会被视为没有礼貌,然而她其实从未打算冒犯他人或故作粗鲁。

1903年的诺贝尔奖

1903年11月中旬,玛丽·居里和皮埃尔·居里接到一封来自瑞典皇家科学院的电报,通知他们,他们与贝克勒耳一道获得了当年的诺贝尔物理学奖。第二天,当媒体记者赶到他们的住处要求采访时,发现家里只有6岁的伊雷娜一个人。记者问她,她的父母在哪里,她回答说,“在实验室,还用说吗?”获奖消息公布之后,伊雷娜发现,她除了要跟父母的工作分享自己的父母,还要跟全世界分享。媒体记者围着居里的住所和实验室团团转。有那么几天时间,居里夫妇不得不安排一名助手站在门口,把记者拦在门外,只有这样他们才能不受干扰而专心工作。但是,尽管玛丽和皮埃尔竭力淡化个人的荣耀,他们依然成了国际明星,人人都知道他们不仅赢得了诺贝尔奖,还发现了镭,一种在当时被认为可以奇迹般治愈癌症的物质。

让镭跟癌症拉上关系,源于皮埃尔的想象力以及他那富有创意的解决问题的方式。1900年,皮埃尔曾将一小管镭盐用胶布贴在自己的前臂上,几小时后,他把小管拿下来,发现小管下面的皮肤变红、发痒。几天后,一个创口出现了,花了几个月的时间才愈合。“第42天,表皮开始沿伤口的边缘重新形成,逐步向伤口中心发展;接受射线作用过后的第52日,依然可见一处大约1厘米见方的灰白损伤,这表明更深部位存在一处损伤。”皮埃尔在他的实验室日记中这样写道。

皮埃尔对镭可能如何影响皮肤癌细胞感到好奇,于是他在老鼠、豚鼠和兔子身上做试验,最后做到了人身上。他发现,癌变的组织如果被辐射照过就会遭到破坏,重新长出来的就是健康的组织。1901年6月,皮埃尔·居里与贝克勒耳合作发表了一篇论文,题为“射线的生理学效用”(The Physiological Effects of Rays),讨论了镭何以可能用于治疗癌症。使用辐射治疗癌症的做法,当时被称为“居里疗法”,一开始是医生们将放射性物质放在小管里,再用胶布贴在病人的表皮上,以缩小或消除肿瘤和癌病变。今天,现代放射疗法固然在瞄准目标和剂量制定上都有了很大的改进,但其根本思路跟100年前没有什么两样。随着镭的医学用途被确立,居里夫妇也变得更加知名。

然而,具有讽刺意义的是,与镭接触恰恰让玛丽、皮埃尔和伊雷娜终生饱受病痛折磨。研究人员现在已经知道，低剂量的镭辐射足以引起肺纤维化、白血病以及其他恶性血液疾病，并且损坏骨髓，导致其他病情，但在当时，居里夫妇并不明白，辐射会对他们的身体造成什么影响。

当要启程前往斯德哥尔摩出席诺贝尔奖颁奖典礼的时候，玛丽和皮埃尔的身体已经虚弱得无法参加。我们不可能知道居里夫妇在他们的研究工作当中究竟接受了多大剂量的辐射，但毫无疑问的是，他们在自己的工作空间的每一次呼吸或触碰自己的嘴巴，都意味着受到危险剂量的辐射。他们在自己实验室的饮食都可能被辐射残余污染。玛丽甚至曾将一小罐镭放在自己的床头，因为她喜欢在入睡以前盯着看那奇异的蓝绿色光芒。即使到了今天，时间已经过去100年以上，需要接触居里夫妇的论文和笔记的研究人员依然必须穿戴防护服，同时签署一份免责文件，因为这些物品依然带有危险剂量的放射性。

玛丽和皮埃尔认为，他们的两腿酸痛、虚弱、容易疲倦以及总体而言非常糟糕的健康状况，是紧张的工作安排和体力劳动造成的。接触放射性材料的一个不可避免的后果，就是他们的指尖均受损伤。他们两人都有疼痛而硬化的指尖，终身未能痊愈。直到弥留之际，玛丽还在揉自己的指尖，希望可以稍微缓解持续的疼痛。

非典型童年

诺贝尔奖得主名单公布几个月后，玛丽怀了第二个孩子。1904年12月6日，伊雷娜7岁，夏娃·丹尼斯·居里(Ève Denise Curie)出生了。随着两个孩子渐渐长大，她俩的差别也变得越来越明显。伊雷娜粗鲁而害羞，夏娃迷人而外向。伊雷娜喜欢穿肥大而易于活动的衣服，夏娃却有自己的时尚眼光。两个孩子都很聪明，却又表现在不同的地方。玛丽说伊雷娜“从智力上看像极了她的父亲。她不像她妹妹那样敏捷，但是，大家都看得出来，她有一种天赋的逻辑推理能力，她会喜欢科学”。在以后的岁月里，伊雷娜深深着迷于物理学和数学，而夏娃开始学钢琴，最终成了一名作家。

玛丽和皮埃尔并不认为，法国传统的教育系统那漫长的上课时间和死记硬背是有效的。玛丽认为，孩子应该多思考而少记忆，应该有充足的时间玩耍，进行美术创作以及在实验室做实验。带着这一想法，玛丽在伊雷娜满10岁那年，与其他6个家庭共同设立了一所合作学校，这6个家庭的父母都在大学任教。每个家庭答应每周上一门课，于是教学工作得到了分担，孩子们可以跟每个专业的专家上课。课后，孩子们跟他们的老师一起喝下午茶。

这所学校开了两年半，伊雷娜在这期间建立了许多足以持续一生的深厚而充满信任的友谊关系。不过，尽管伊雷娜的学习成绩非常突出，她却一直未能学会传统的社交礼仪。她不讲礼貌，谈不上彬彬有礼，不理解闲聊到底有什么用，也不认为有必要恪守社交惯例。她拒绝对陌生人打招呼说"你好吗?"只要现场有谁或什么事让她感到无聊，她就直接转身走开，表示毫无兴趣。

她为人率性而诚实，密切关注自己身边的各种进展。她喜欢毫无保留地提出自己的想法，往往直截了当，却永远诚恳。她不喜欢浪费时间，不理睬小气而刻薄的人。这样的态度在她的父母和祖父这里得到鼓励和加强。伊雷娜根本不在意多数人想要她做什么；她要的许可只来自她的家人，尤其是来自她的母亲。

当父母的工作忙得不可开交时，这所合作学校就不得不关门了。玛丽将伊雷娜送入了位于巴黎的一所私立学校，在那里，伊雷娜成了一名成绩优异的学生，她能够熟练阅读法语、英语和德语作品。"只要我有书本在手，"伊雷娜说，"我就忙不迭地要读完它。"玛丽继续指导伊雷娜的数学。

放暑假的时候，玛丽让伊雷娜和夏娃跟祖父一起去度假，她自己留下来继续在实验室工作。每当跟母亲分开，伊雷娜常常写信给母亲，恳求她能过来跟他们会合。大多数信件都会包括一个代数问题和解答，也会提到他们这边发生了什么新闻。从很小的时候开始，伊雷娜就已经知道,要想得到母亲的欢心,赢得母亲的关注,最好的捷径就是像母亲那样对科学和数学充满热情。

有一些人认为,玛丽和皮埃尔着了魔一样的工作习惯和不平衡的生活方式对他们的家庭而言是一个问题。伊雷娜还在蹒跚学步的时候,物理学家乔治·萨格纳克(Georges Sagnac)在一次物理学会的会议上见过玛丽和皮埃尔;会后,作为他们的同事和朋友,萨格纳克给他们写了一封长达10页的信,其中提到:

没有必要让科学上的深入思考占据你们生活中的分分秒秒……你们不是很爱伊雷娜么?在我看来,读卢瑟福写的一篇论文所带给我的乐趣,比不上放松身心陪伴那样一个讨人喜欢的小姑娘。替我亲亲她。如果她再大一点,她也会这样想,并会告诉你们。想着她点儿。

皮埃尔不会批评玛丽作为妻子或母亲并不称职,但他也没能给她多少帮助。他自己在索邦有一份全职工作,很自然就把家务活儿全都留给玛丽。她倒没有埋怨皮埃尔,反而这样说,“他说过,他得到了一个专为与他分享他的全部深入思考而生的妻子。”提到他俩对科学怀有的一致热情,玛丽补充说,“我们都不会考虑放弃,这对我俩来说都太宝贵了。”

结束与开始

1904年,皮埃尔终于能在斯德哥尔摩的瑞典科学院发表他的诺贝尔奖演说;他是代表自己和玛丽发言的。他提到镭的威力,这当然不会让人感到惊讶:

我们完全可以设想,一旦落入犯罪者的手里,镭可能变得非常危险,而这时候,我们就要自问一句,人类如果通过了解自然的秘密而有所收获，那么，人类是否已经做好准备，要从中获得好处，以及确保这类知识不会具有破坏性。诺贝尔(Nobel)自己的发现就是非常典型的例子。威力巨大的炸药使我们得以完成一些非常了不起的工程，但也可以落在大犯罪者手里而变成非常可怕的破坏方式，将人们拖入战争。我站在诺贝尔他们这边，认为人类能从新发现里得到多于坏处的好处。

他已经知道，他们这一发现是科学进化链条上一个非常关键的环节，尽管他可能从未想象到会有原子弹。

皮埃尔的工作继续高歌猛进，这意味着他能留给伊雷娜的时间更少了。他被任命为巴黎大学理学院物理学教授，终于拥有足够的资金请几个受薪工人并拥有一个实验室。他聘请玛丽出任实验室主管，这也是玛丽第一次因为研究工作而得到收入。但就在他们的生活无论从经济或学术上看都将变得更加有保障之际，悲剧发生了。

1906 年 4 月 19 日，星期三，皮埃尔・居里出席了一次午餐会议，会后沿着多菲内大街向塞纳河边走去。一场大雨让他不得不撑起一把巨大的黑雨伞。雨点密密麻麻地敲在雨伞上，这声音很可能导致他听不清一辆满载军装的重型马车也正沿着狭窄的街道轰隆隆驶过。沉浸在自己的世界而显得有点心不在焉的皮埃尔没有先抬头看看两边就一步跨出了街道，恰好闯入马车的前进路线。几匹马跳过了他，但他滑了一下摔倒在地。随后而来的马车车轮碾碎了他的头颅。皮埃尔当场死亡。

等到玛丽从实验室下班回家已经是晚上了，皮埃尔的父亲把坏消息告诉了她。8 岁的伊雷娜当时正在隔壁房间跟一个小伙伴玩。玛丽突然成了两个年幼孩子的单亲妈妈，她告诉伊雷娜，她父亲发生了事故，需要休息。玛丽没办法告诉伊雷娜真相；至少当时还不行。

之后几天，伊雷娜由一位邻居照看，玛丽忙于有关葬礼的各项安排。皮埃尔在他长大的法国乡村下葬。整个过程没有包括宗教仪式或祈祷，葬礼结束之后，玛丽站在她丈夫的墓地旁，将花瓣从一捧花束里一片一片摘下来，一片一片撒在他的坟头。

从葬礼现场回来，玛丽来到邻居家里，对伊雷娜说出了真相：她父亲去世了。伊雷娜听着她母亲说话，却继续在玩，就好像她根本没听进去一样。玛丽说完就准备动身回家，行前对邻居朋友说了一句，“她还太小，还不明白。”伊雷娜突然就哭了，扑向母亲怀里寻求安慰；她当然明白的。

那年夏天，玛丽的姐姐海伦娜（Helena），昵称海拉（Hela），带伊雷娜和夏娃到海边去度假，让玛丽有时间一个人待一会儿。伊雷娜非常想念自己的母亲，却被告知要再等等。皮埃尔去世两个月后，玛丽的另一个姐姐布罗尼斯拉娜（Bronislana），昵称布罗妮娅（Bronya），来给玛丽作伴。布罗妮娅发现玛丽在一个炎热的六月天站在一团熊熊燃烧的火前面，手里拿着从大衣橱里取出来的一个包裹。她打开了这个包裹，里面是一小堆沾了泥巴和鲜血的破布。布罗妮娅一下没搞明白，但她很快就意识到，那是皮埃尔去世那天穿的衣服，现在就剩下这么一些。玛丽将它们剪碎，一片一片丢进火里。看到玛丽亲吻最后那几片碎布，布罗妮娅忍不住一把夺过去，一股脑儿丢进火里。布罗妮娅抱住了她的妹妹，任凭她在自己怀里哭。第二天，玛丽已经冷静下来，再度变得镇定自若。

这一告别仪式使玛丽能够继续生活下去，但也是从那一刻开始，她不想听别人再提起皮埃尔的名字。不止一次，伊雷娜想跟她母亲说说自己的父亲，但玛丽一听就猛地结束对话，而伊雷娜也不会强求，怕让母亲难过。伊雷娜就这样眼看自己的父亲留在坟墓里而母亲沉浸在悲痛中。祖父依然跟他们住在一起；他留意到伊雷娜的处境有多不容易，因此更加关照她，天天陪着她，暗地里希望生活总有一天可以恢复正常的模样。

更难见到妈妈的时光

1910 年，伊雷娜 13 岁，祖父在患病一年后去世了。伊雷娜对祖父的死感到难以接受。那年夏天,她和夏娃照旧跟她们的海拉姨母到海边度假,但伊雷娜根本放松不下来。玛丽到海边跟她们待了短暂的几天时间就赶回巴黎继续工作。伊雷娜给她母亲写了许多伤心而急切的信件,她还会用大写字母强调自己的心情:“**你什么时候回来???** ……如果你能来我一定会高兴坏了,因为我太需要有人来爱我了……我做了一个精致的纸信封来收藏你的来信。现在里面只有一封信。”

那年夏天伊雷娜又给母亲写了一封信,说:“我那么那么爱你,你知道的,我非常乐意看到你来。快来吧,或者,至少要在你动身来的时候写信告诉我。你的**大大的**伊雷娜实在是等不及要见到你。”她接着写道,她的假期会变得更美好,“假如有亲爱的妈妈在这里,在身边,让我可以看见”。然而,尽管伊雷娜一再恳求,玛丽在那个暑假也没有去看过她们。

接下来这一年给居里一家带来了更多难题。作为法国科学界势力最大的组织,最具权威性的法国科学院出了一个院士空缺,而且是唯一的一个,现在,玛丽决心竞选这一席位。因为新人只能在现有院士去世的时候才能得到提名,所以空缺总是非常稀有。玛丽的竞争对手是另外一名科学家,对方在竞选中将玛丽描述为自由主义、女权主义的外国人,因为玛丽是从波兰移民到法国来上大学的。玛丽仅以两票之差输掉了这次竞选。问题变得如此尖锐,使得院方随后进行了一次投票,投票结果是禁止女性竞选日后的任何空缺席位。(直至1979年,才有第一位女性当选法国科学院院士。)

更多的负面报道接踵而至。1911年秋天,玛丽前往布鲁塞尔,与全球几十位顶级物理学家一道出席第一届索尔维国际会议,其中包括39岁的保罗·朗之万,当时他已是4个孩子的爸爸,也是分子和动力学理论专家。朗之万不仅是居里一家长期的好友,还是皮埃尔的学生,现在,他和玛丽产生了恋情。

11月上旬,当时伊雷娜在巴黎的家中而玛丽在布鲁塞尔开会时,这绯闻传开了。法国一份报纸的标题写道:“一个爱情故事:居里夫人与朗之万教授”。有人传言,伊雷娜从报上看到她母亲闹绯闻的消息,惊得当场昏了过去。

3天后,仍在开会的玛丽接到一份电报,宣布她第二次获得诺贝尔奖。她不仅是第一位获得诺贝尔科学奖的女性,也是第一个两次荣获诺贝尔奖的人,第一次是物理学奖,第二次是化学奖。(皮埃尔本来可与玛丽分享这第二个诺贝尔奖的,但诺贝尔奖规定不能颁给已故者。)

获得诺贝尔奖的消息使玛丽个人生活的丑闻变得更加引人注目。诺贝尔奖委员会对于颁奖给一位身陷桃色丑闻的女性持保留态度。几位科学家随即组织了一场运动,希望能使玛丽拒绝接受这个奖。但其他同行选择站在玛丽这一边。最终,玛丽如期出席了在1911年12月举行的颁奖典礼,随同前往的还有布罗妮娅和14岁的伊雷娜。

伊雷娜自豪地目睹自己的母亲获得第二个诺贝尔奖,但当她们回到巴黎时,玛丽却陷入了深深的抑郁之中。对玛丽而言,那本该充满欢庆和荣耀的时刻,现在变成了一段蒙受羞辱的日子。前来迎接她的是愤怒的暴民,他们朝她家窗户扔石头,高喊:“滚回波兰去。”她与朗之万的浪漫关系结束了,但他们依旧是好友和同行,这种友谊持续了一辈子。

第二年,玛丽继续如隐士一般独居在法国郊区,用她婚前的名字或用布罗妮娅的名字旅行,因为她害怕,怕自己已经玷污了她丈夫的名誉。伊雷娜和夏娃留在巴黎,由一位波兰保育员照看,在一年多的时间里很少有机会见到自己的母亲。让伊雷娜感到郁闷的是,当她写信给自己的母亲时,大人们告诉她,信封上的名字要写成“马妮娅·斯科罗多夫斯卡”(Manya Sklodowska)。玛丽·居里消失了,至少有那么一阵子是不见了。

母亲不在身边的日子,伊雷娜继续自己的学业,同时努力保护母亲的隐私。她认为是媒体造成了母亲的痛苦,她更加不愿意相信自己不认识的人。伊雷娜依然渴望得到母亲的认同和关切,但她什么也做不了,只能苦等母亲可以抽出些时间分给她。

第三章

在战场上

尽管伊雷娜·居里渴望跟母亲多待一些时间，但在 1914 年夏天，她不得不再忍受一次漫长的分离。这一次不是个人问题，而是政治：当年 6 月，一名塞尔维亚学生刺杀了奥匈帝国王储弗朗茨·斐迪南大公（Archduke Franz Ferdinand），战争随即爆发，战事迅速升级，几个星期之内，法国已经开始征兵。玛丽认为孩子们待在乡下会比待在城里安全一些，因此，她将 16 岁的伊雷娜和 9 岁的夏娃从巴黎送到法国西北部一处乡间别墅，由两位波兰女仆照看。

伊雷娜满心盼望这年 8 月快快来临，因为玛丽原本计划在 8 月前往阿古埃（L'Arcouest）与她们会合，但当 8 月临近，她们的团聚却再度推迟。战事变得越发激烈，玛丽决定留在巴黎保卫自己的实验室。"如果我在这里，也许德国人还不敢进来打劫，但如果我不在，那么一切都将荡然无存。"玛丽说。

时间一个星期一个星期地过去，情况变得越来越糟糕，玛丽开始担心，自己跟孩子们的联系可能会中断。1914 年 8 月 28 日，玛丽写信给伊雷娜：

[我们]开始考虑巴黎被围的可能性,那时我们可能失去联系。如果那样的事情真的发生了,请拿出勇气来承受,因为我们个人的心愿与正在进行的伟大斗争相比是无足轻重的。你必须明白你对你的妹妹负有责任,你要照顾好她,如果我们不得不分离比我预计还要长的一段时间。

几天后,玛丽又写了一封信:

情况没有好转,我们每个人都心情沉重,心神不宁。我们需要拿出巨大的勇气,我希望我们并不会缺少勇气。我们必须坚信,挨过这段坏日子以后一定会再度迎来好日子。我正是抱着这样一份希望,将你俩紧紧惦记在心头,我亲爱的女儿们。

伊雷娜母亲的话并不能带给她安慰。伊雷娜知道玛丽一心想要确保她安全,但伊雷娜真正想要的是留在母亲身边。伊雷娜恳求母亲允许她返回巴黎,但玛丽拒绝了。

1914 年 9 月 6 日,玛丽给伊雷娜又写了一封信:"我最亲爱的……我能感觉得到,对我而言你已经成长为一名伴侣、一位朋友。如果你今天还不能为法国工作,那就准备好为它的将来工作吧。许多人将在这场战争中一去不复返,必须找到新人来补充他们留下的空缺。"她这样结束她这封信,"全力做好你的物理学和数学功课"。跟往常一样,她在信中留了几道代数习题,希望确保伊雷娜的头脑不会开小差。

伊雷娜回家

1914 年 9 月,法国顶住了德国向巴黎的推进。情况刚有所缓和,玛丽就派人把伊雷娜和夏娃接回来。就在马上可以回家之际,伊雷娜却在跟小伙伴们外出攀岩的时候弄伤了脚。尽管伊雷娜对于因伤推迟出发感到恼火,但她也满怀着好奇心来面对这一新的体验,“我觉得很好玩,”她这样写道,并在信中将自己的伤情告诉自己的母亲。

> 首先我已经确认自己不会害怕看受伤的脚,这让我很开心,因为我之前常常暗地里担心自己会不会害怕看见血。我带着浓厚兴趣观察自己的伤处,因为这样可以看到肌腱。我还看着他们给我缝针,将伤处缝合起来。当然了,他们每缝进去一针(或者因为位置不对而要抽出来),我都要咬紧牙关以免大叫起来。不过,在缝针间隙,我可是比围观群众笑得都多,笑话也讲得更多。

伊雷娜将启程时间推迟了两个星期以确保脚上的伤处得以愈合,然后她终于可以返回巴黎了,并自信地认为血和伤情都不是问题,都不能阻止她成为一名护士。

伊雷娜一回到家就报名参加了一个护理课程。她还帮母亲从原有的实验室搬家到新近落成的镭研究所,这是由巴黎大学和巴斯德研究所建立的一个最先进的研究机构。伊雷娜利用业余时间对母亲的科学类刊物分类造册,将放射性材料的不同样本一一加以标记。

到了 1914 年秋天,伊雷娜完成了她的护理课程,证明自己已做好准备可以跟随母亲上前线,指导医生和护士使用 X 射线设备。玛丽和伊雷娜的关系因为这段并肩上前线的经历而变得更加亲密——从此,她俩不再单单以母女的身份进行交流,她们还是同事。

X 射线在前线

战争刚一开始,玛丽就意识到,X 射线技术将对受伤士兵大有帮助,因为这一技术可以精准确定士兵伤情的性质和位置。当时,法国还没有几家医院拥有 X 射线机,即使有配备这些机器的医院,也都远离战场,而战场才是最需要这些机器的地方。玛丽自己从未用过 X 射线，但她从原理上熟悉这东西，因为她自己就是研究放射性的，她知道这东西可以用来挽救生命。

玛丽利用自己作为一位知名且受尊敬的两获诺贝尔奖的科学家身份，启动了X射线项目。她说服法国政府同意她设立了可移动的永久性战地放射中心。离战争开始之初军队接到动员令不到10天时间，玛丽就从自己在巴黎大学的研究工作告假出来，被任命为新成立的红十字放射部的主管。

玛丽说服了富人和X射线设备生产商分别捐赠了汽车和机器，还让汽车修理厂同意帮忙改装这些汽车，使移动X射线站成为可能。考虑到当时前线没有可靠的电力供给，玛丽要求将发电机安装在汽车上，这样，汽车引擎就能在断电的时候继续为X射线机供电。

尽管这是一个充满挑战的任务，但是，到了11月1日，第一辆移动X射线车已改装完毕。这是一辆手摇启动的雷诺卡车，涂上了陆军的灰色，两侧带有红十字标志，最高时速只有20千米——没什么新奇的，但管用。法国官兵把这些卡车称为"小居里"，以玛丽的姓氏命名。

等到卡车整装待发，伊雷娜也做好了准备。她从护理学校接受了足够的培训，又从她母亲那儿学会了作为一个X射线技术员所必需的技能，她同时认为自己有能力在工作中继续学习。玛丽和伊雷娜的第一站，是在克雷伊一座被炸毁的大楼，当时这里部署了一所战地医院，位于法国北部，距离前线约32千米。她们一到，负责的那位外科医生就告诉她们，这里并不需要她们；他压根儿就不相信X射线。

玛丽和伊雷娜没有跟这人争论，而是直接投入工作。他们把设备安装起来，给护士们演示怎样用窗帘和胶布将窗户遮蔽紧密，然后，抵达不到一个半小时，她们就开始接待病人了。玛丽和伊雷娜演示了如何在病人体表的一个范围内搜寻以确定伤情。若是遇到极端紧急的状况，医生会跟往常一样立即给伤员动手术，但更多的时候，他们都先给伤员需要特殊关照的伤处拍X射线片。

理解X射线需要用到基础的几何知识。伊雷娜和玛丽教医生和护士如何做相关的计算，这对于确定一处伤情的具体位置是必不可少的步骤。医生们典型的反应是一开始都充满怀疑，非要等到他们亲眼目睹 X 射线多么有用以后才能变成坚定的支持者。

在职经历

从在职第一天开始，伊雷娜就想要证明自己，并让她母亲为自己感到骄傲，因此她坚决不让自己被身边屡屡发生的流血死亡吓倒。她必须坚强起来，那地方根本容不下恐惧或丝毫的犹豫。面对成年男人因为疼痛而大喊大叫、苦苦求助以及在死前哭喊想要再见自己的妻儿一面，她毫不畏缩。当她看到军官们来到医院为奄奄一息的士兵佩戴勋章，以感谢他们以身报国并许诺他们的家人可以得到遗属津贴时，她也不会停下手里的工作。伊雷娜不会让恐怖的战争战胜自己，她知道自己有工作在身，她要工作。

玛丽赞赏伊雷娜的坚定意志和冷静表现。伊雷娜总是展现勇气和自信，冷静地完成母亲交给她的所有任务。伊雷娜模仿她那名满天下的母亲的举止，从母亲那里获得力量。然而这对母女并非对受苦的人们无动于衷；她们只是学会了尽量将自己与身边环绕的伤痛拉开一定距离，从而确保自己能够好好照顾自己的病人，维持良好的职业记录。

伊雷娜通过观察母亲的做法，还学会了怎样跟病人交流，怎样带着同情心去对待他们。如果士兵担心照 X 射线会不会痛，玛丽就会报以令人感到宽慰的微笑，耐心解释这个过程就跟拍照片一样，一点都不痛。

连续好几个月，每到一个新的战地医院提供服务，伊雷娜和她母亲都是这么做的。她俩的成功引来了更大的需求，另外 20 台汽车也已陆续改装成为移动放射设备。除了便携式设备，伊雷娜和其他 X 射线技术员在这场战争期间帮助建立了 200 个设在医院里的永久性的放射科室。

作为助手随母亲奔走了一年以后，1916年秋天，伊雷娜开始独立工作。跟她母亲一样，如果从军方遇到挑战或反对，伊雷娜并不会就此罢手。有一次，她坐火车前往亚眠的一所大型战地医院，准备在医院安装一台X射线机。当她抵达亚眠时，发现全城由于刚刚遭受空袭而陷入混乱。军方高层告诉伊雷娜，现在他们没有人可以派给她，要等上两个星期才能派人帮忙卸下她的设备，因此她必须等着。

正如伊雷娜见过她母亲多次做过的那样，她将军官的说法丢在一边，径直投入工作。伊雷娜的团队包括她、一名外科医生和一名医学生，他们三人自己动手将设备从火车车厢里卸下来，并且完成安装。一个小时不到，伊雷娜已经戴上一副棉手套站到木制的隔板后面，那是她用于阻隔有害的X射线的唯一屏障，然后开始接待病人。伊雷娜后来说，有需要的时候"她总能克服当时的小问题"。

伊雷娜独自在比利时的霍格斯塔德工作的时候，遇到过一位特别令人不愉快的外科医生。在开始进行处理以前，伊雷娜已经非常仔细地研究过一位病人的伤情。她看过X射线片，那幽灵般的黑白图像在这位法国士兵受伤的大腿根部阴影处清晰地勾勒出金属弹片和骨头的轮廓。但那位医生没工夫看伊雷娜的报告，他就不打算用X射线机，因此他准备从大腿前面开刀进入伤口。伊雷娜强烈敦促医生从另一面检查伤口，但医生没有理会。作为一名具有多年经验的专业医生，他就没想过要听取一个年方17的小护士的看法，即使她有一台X射线机也一样。相反，他拿起钢丝扩张钳，在病人的肌肉里搜寻潜藏的子弹碎片。

伊雷娜听得见医生检查伤口时那年轻人极度痛苦的哀嚎，偏偏这样的检查一无所获。就在几千米以外的前线，枪炮声还在持续，还有更多伤员会被送来。伊雷娜真想大声说点什么，让那医生明白应该看哪里，但她继续一言不发。最终，医生自己也筋疲力尽，不得不转向伊雷娜寻求协助。她告诉他应该从哪里探入伤口。他听从了她的建议，马上找到了叫人疼痛不已的金属弹片。从那时起，他就心甘情愿地将X

射线机作为自己的向导。

1916 年 9 月，伊雷娜在比利时霍格斯塔德的工作岗位上度过了 18 岁生日。“我的生日过得好极了，”她给她母亲写信说，“只可惜你不在这里。”

生日过后没多久，伊雷娜回到巴黎，继续她在巴黎大学的学业。因为战地需要，她在 1916 年秋天返回课堂晚了，但她没费什么力气就跟上了学习进度。然后，她将自己的世界分成两部分，一部分用于在大学上课，一部分用于在居里研究所培训新的 X 射线技术员。

直到 1918 年战争结束，伊雷娜的学业完全没有落下，只要时间允许，她偶尔还会到前线去与母亲会合。家里餐厅的墙上挂了一幅法国地图，伊雷娜和夏娃会在上面放小旗子，标示母亲在前线的行踪。

令人感到惊讶的是，伊雷娜在这样一个时期居然以优异成绩在巴黎大学陆续拿下 3 个学位，分别是 1915 年的数学、1916 年的物理学和 1917 年的化学。伊雷娜继续自己的学业并不仅仅因为她具有学术好奇心，还因为学习能使她进一步靠近自己的终极目标：她想要在战争结束之际加入她母亲的团队，成为镭研究所的一员。

穿透皮肤

在第一次世界大战期间，伊雷娜·居里和其他 X 射线技术员用两种技术取得他们的病人的影像，一种是射线摄影（胶片影像），另一种是荧光透视（实时活动影像）。

射线摄影将影像记录在一张胶片上，胶片置于一个木框里。病人在照 X 射线时要将这张胶片放在需要检查的部位。早期，成像过程需要 10 分钟甚至更长时间，病人必须保持一动不动，不然影像就会变得模糊不清。

在大多数战地使用情况下，荧光透视检查被证明更加高效和准确。这一做法要求病人躺在一张检查床上，床底下安装了一台X射线源。当X射线穿透床板通过病人的身体，其强度就会减弱，形成与X射线影像相关的经典的阴影图像。医生或X射线技术员头戴一台荧光透视镜，这东西看上去就像潜水镜，前面有一个屏幕，上面涂了一层荧光化学物，它们只要接触到X射线就会发出微光。一幅实时的X射线影像便因此出现在屏幕上。这种方法没有必要另外拍照和冲洗胶片，使用者可以更快也更便捷地分析出子弹的深度以及患者的伤情。

第四章

博士与女士

第一次世界大战结束后,伊雷娜成为她母亲在镭研究所的助理,与此同时,她要继续完成她在巴黎大学的博士论文。跟母亲一样,伊雷娜也深为镭的放射性微光着迷,说这光芒如同来自外星一般,使她感觉自己有了探险者或探索者的气质。工作从未让她感到厌倦,她兴致勃勃地期待每一次出乎意料的发现,或是一些色彩缤纷的物质在试管底部沉淀下来。

在当时的法国,许多女性通过担当妻子和母亲的角色实现自己的人生意义,伊雷娜却将注意力集中在科学探索上。她实验室的同事称她为"科学的女王储",有的人还为她在她母亲的研究所拥有特殊地位感到羡慕不已。伊雷娜压根儿就没有花时间去赢得同事们的接纳。许多人觉得她很自负,当然她也有资格这么做。她说话直言不讳。有同事这样说过:"伊雷娜不仅实话实说,还认为她可以随意评论对方的缺点。"伊雷娜的妹妹夏娃对伊雷娜的坦率有更加讨人喜欢的说法,她说:"我从没听她说过坏话,而且,据我所知,她这辈子从未说过假话。她就是她让我们看到的那样,有她的优点和缺点,从来不会为了讨我们欢心而做什么润色。"

伊雷娜在工作中不苟言笑,只在家人或密友面前展露欢颜。她有一个让人烦心的习惯,那就是谈话谈到一半,她会旁若无人地拉起自己的实验室外套和裙子,从衬裙口袋里抽出一条脏兮兮的手帕,响亮地擤鼻涕。她喜欢远离时尚的肥大衣服,那宽松的腰带和开放的袖口,让她可以灵活地跑前跑后。她觉得没有必要给她的行为找理由或为自己解释。她才不在意别人怎么看她,她只在意她母亲的看法:即使在成年以后,伊雷娜依然竭力想要讨好自己的母亲。伊雷娜这样描述过她俩的关系:"我跟她很不一样,我更像我父亲,这也许就是我们可以如此融洽相处的一个原因。"

结婚以前,伊雷娜一直跟母亲和妹妹住在一起。每天早上伊雷娜会做早餐,然后跟母亲坐在一起,讨论书、诗歌及戏剧,还有实验室的新闻。玛丽赞赏伊雷娜的陪伴;她给女儿这样写道:"你知道,我的孩子,你对我来说是一个了不起的朋友,你使我的人生变得轻松而甜美。我能带着更大的勇气面对工作,是因为我想到了你的笑容和欢欣鼓舞的脸庞。"

不在实验室的时候,伊雷娜花了很多时间从事户外活动。她高大健壮,充满朝气。她有时候可以跳舞跳到深夜,每年夏天都要跟一个朋友在山里度过为期两星期的登山假期。她在塞纳河游泳,在法国阿尔卑斯山滑雪,她非常乐于想要知道自己的体能极限在哪里。

美 国 之 旅

居里一家在许多人看来依然是一个谜。记者们仍在追逐玛丽·居里,试图做采访,但她几乎全都拒绝了。当美国女性杂志《描绘者》(*The Delineator*)主编玛丽·"米西"·梅洛妮(Marie "Missy" Meloney)找她的法国同行斯蒂芬妮·洛桑(Stéphanie Lauzanne)请教跟玛丽打交道的技巧时,洛桑的回答是"她谁也不见"。

但不管怎样,1920 年 5 月,梅洛妮还是向玛丽提出了采访请求。

玛丽拒绝了。梅洛妮却没有就此罢手,而是又写了一封信,这样解释:“你对我很重要,这已经持续20年,我想见你几分钟。”不知怎么的,这一次,这个请求打动了玛丽。她同意在次日与梅洛妮见面。

两位女性一见如故。在她们的谈话里,玛丽提到她和皮埃尔不认同从镭的发现中牟利的做法,尽管她们都知道,化工制造企业可以从他们这一发现大发一笔横财。(他们说得没错:当时全世界只有140克镭,还不够装满两勺,而位于匹兹堡的标准化工公司生产了超过一半的份额。每克标价高达15万美元,约等于现在的200万美元。镭的价格如此昂贵,原因在于玛丽和皮埃尔研发的制作流程属于劳动密集型,毫无捷径可言。)

梅洛妮马上意识到自己抓到了一个重大题材。得到玛丽的同意后,梅洛妮向美国女性发起一场募捐活动,要为玛丽·居里买1克镭。作为募捐活动的一部分,玛丽和她的两个女儿,23岁的伊雷娜和16岁的夏娃,将启程前往美国宣讲她们的工作。

1921年4月号的《描绘者》杂志刊发了一组关于玛丽的专题报道,包括题为“全球最伟大的女性”(The Greatest Woman in the World)的社论。5月,当玛丽、伊雷娜和夏娃抵达美国纽约,成千上万粉丝前来迎接。玛丽和伊雷娜对这一盛况感到惊恐不安。她们不知道应该怎样应对这突如其来的明星地位。

作为为期6个星期的旅行的一部分,玛丽接受了20余个荣誉学位,出席了位于纽约卡内基大厅的开幕酒会,还出席了美国总统沃伦·G·哈丁(Warren G. Harding)在白宫举行的闭幕仪式。

居里一行的各个成员对这次旅行有不同的反应。被记者们称为“镭眼小姐”的夏娃爱极了这种热闹,玛丽则感到难以承受,伊雷娜倒是泰然自若,她随身带着一本书,只要觉得无聊就可以开始看书。穿着长筒丝袜和法国时装的夏娃显示了巴黎人的精致,而伊雷娜继续穿着她那些肥大的衣服,配的是舒适的鞋子和棉质的袜子,媒体常常形容她看上去“像农民”。

如果玛丽感到过于疲倦,伊雷娜有时也会代表她母亲发表讲话,出席仪式。不过,即便有伊雷娜代为出席一些场合,玛丽依然多次感到再也受不了跟这么多的热情粉丝握手,于是她假装受了伤,在胳膊上打上吊带,从而避免跟大排长龙的人们握手。在整个访美期间,伊雷娜不仅证明自己有能力成为她母亲的一个靠得住的替代者,同时展现了她对研究放射性抱有跟她母亲一样的热情。

另一位居里博士

在镭研究所工作期间,伊雷娜还忙于准备她的博士论文,分析钋衰变释放的 α 粒子。说得更具体一点,伊雷娜主要观察这些粒子通过其他物质的时候是怎样减速的。她母亲于 1898 年发现了钋,那年伊雷娜才一岁,钋元素已被证明对原子研究是必不可少的。伊雷娜在她的论文开头留下这样一段献词:"献给居里夫人,自她的女儿与学生"。

1925 年,伊雷娜前往巴黎大学准备就她的论文进行答辩,或者说准备回答坐满了一间阶梯教室的观众对她的工作提出的相关问题。她首先就自己的研究做了一个简要介绍,然后她的教授们开始就她的研究进行提问。她一点儿也不紧张;她觉得自己没有理由感到紧张,因为她做了充分的准备,关于这个题目,没有人比她知道得更多。有一个人的缺席相当引人注目,这就是玛丽·居里。她选择留在实验室,避免抢了她女儿的风头。

答辩结束以后,玛丽在镭研究所的花园为伊雷娜主持了一场别开生面的茶会。桌子都被摆到了室外,玛丽把曲奇饼放在从胶片冲印室拿来的显影盘上。茶就放在实验室用的烧瓶里,直接用本生灯加热,喝的时候也不用茶杯和小匙,而是用小烧杯和玻璃搅拌棒。伊雷娜觉得很好玩。

伊雷娜的成就经媒体报道传遍了世界。法国一位女记者采访了伊雷娜,问她,以物理学为职业对女性来说会不会太难。

“没那回事,”伊雷娜回答。“我相信男性和女性的科学天赋是完全一致的……从事科研的女性应该摒弃一切世俗的义务……”

“那么,家庭的义务呢?”记者问道。

“这倒是可能兼顾的,前提是认同这属于额外负担……就我而言,我认为科学是我这辈子最重要的关注对象。”

伊雷娜在镭研究所的一位同事,弗雷德里克·约里奥,也参加了那次茶会。若是他听到伊雷娜说她在生活中也会考虑家庭,可能会觉得很有意思。他在前一年加入镭研究所,从那时起,两人已经从同事变成朋友,并且两人都觉得他俩的关系有可能进入更具永久性的阶段。

约里奥-居里

弗雷德里克·约里奥从小就崇拜玛丽·居里和皮埃尔·居里。小时候,他就在自家浴室搭了一个临时实验室,墙上挂了他从杂志上剪下来的居里夫妇照片。1924 年 12 月,弗雷德里克来到镭研究所,参加实验室一个职位的面试。当他终于见到玛丽时,他发现她比自己想象的要小很多;在他的想象里,她是一位巨人。

保罗·朗之万是弗雷德里克上大学时的教授,他推荐 24 岁的弗雷德里克担任这个职位。玛丽当场就聘用了弗雷德里克,让他去找伊雷娜,伊雷娜会教他用放射性材料做研究的基本知识。

一开始,比弗雷德里克年长 3 岁的伊雷娜没怎么在意这位新同事。他也以为她并不喜欢自己,因为她每天早上来到办公室都不会跟他打招呼说“你好”。伊雷娜不跟任何人打招呼;她就没想过要这么做。

乍看上去这两位有着天壤之别:弗雷德里克喜欢交际,富有魅力,伊雷娜不喜欢交际且举止生硬;他让别人感到惬意,她让别人感到不舒服;他非常在意别人怎么看自己,她忽略许多社交信号,也不在意别人怎么说她。

他们的女儿,埃莱娜(Hélène),认为自己的父母“**在各个方面**都是相反的”。她说：

人际关系对他而言是很重要的；他会很快猜出别人是不是遇到了问题，也想让别人理解自己。母亲却可能视而不见。如果有谁没跟他握手，他会感到焦虑；而我母亲压根儿就留意不到谁没跟她握手。他跟别人的联系更紧，也更细腻；我母亲却一概不当一回事。我母亲像极了皮埃尔·居里，属于比较沉稳的类型。她需要时间进行思考，她只做自己想做的事。

尽管两个人的个性大相径庭，但是，随着伊雷娜和弗雷德里克渐渐加深对对方的了解，他们发现他俩也有很多共同之处，比如他们同样热爱体育运动，对反战政治抱有热情，当然了，还有最重要的一点，他们都有献身科学的理想。

弗雷德里克开始在下班以后迟迟不走，假装还有问题要问伊雷娜，然后很自然地陪她步行回家。这变成了一个习惯，接下来他们开始在周末相约外出。弗雷德里克说：

别人都说她是一块冰，我却在这姑娘身上发现了一个了不起的人物，敏感而富有诗意，在很多方面她都让人觉得她就是她父亲的一个活生生的复制品。我看过很多关于皮埃尔·居里的报道，听很多认识他的老师谈到他，现在我在他女儿身上看到了同样一份纯净，以及他的睿智、他的人性。

没过多久，伊雷娜就跟她母亲说她要结婚了。

伊雷娜和弗雷德里克在 1926 年 10 月 9 日结婚。办完仪式，他俩在玛丽的公寓共进午餐，下午就回到实验室继续工作，这在他俩看来正是理想的生活方式。

起先，玛丽是一个不大好相处的岳母。她抱怨弗雷德里克把伊雷娜从自己身边夺走。用伊雷娜的话说:“我结婚的时候,我母亲当然为我们不得不有所分离而感到痛苦。”她是对的。玛丽给她弟弟写信说:“我好想伊雷娜。我们有过那么长一段亲密相处的时光。当然了,现在我们依然可以常常见到对方,但这就不是一回事。”玛丽一开始并不完全信任弗雷德里克。她坚持要求伊雷娜签一份婚前协议,她要确保有朝一日是伊雷娜而不是弗雷德里克来继承研究所里镭的使用权。在女儿婚后头几年,玛丽跟陌生人介绍弗雷德里克的时候总是说,“那个跟伊雷娜结婚的男人”。

然而,随着时间流逝,玛丽变得非常喜欢弗雷德里克。每个星期都有那么几天,他和伊雷娜会跟玛丽一起吃晚饭,岳母和女婿渐渐建立了属于他俩的情谊,以至于伊雷娜开始抱怨:“我母亲跟我丈夫常常聊得那么入迷,语速那么快,我都插不上话了。”玛丽开始尊重弗雷德里克作为一名科学家的能力,并且,最终为他的成就感到自豪。“这孩子了不得。”她说。

在婚后最初那些年,伊雷娜的声望和科研技能远在弗雷德里克之上,只是因为伊雷娜母亲的工作实在是太成功了,女儿不得不花很大的力气才有机会走出母亲的光环。有人把弗雷德里克称为“亲王”,认定他跟伊雷娜结婚是为了提升自己在科研领域的地位。即使在他俩结婚十年后,这些谣言依然没有消失。弗雷德里克问过一位同事:“人怎么可以这样下作?为什么他们要说我不爱我的妻子,我跟她结婚是为了出人头地?但我爱我的妻子。我非常非常爱她。”

弗雷德里克改用“约里奥-居里”这一姓氏可能助长了这种批评。当时约定俗成的做法是,女性在婚后改随夫姓。伊雷娜在结婚以前已经建立了过硬的声誉,也在学术刊物上发表过多篇论文,因此她决定在工作上继续使用自己娘家的姓氏。相反,弗雷德里克没有继续用“约里奥”作为姓氏,而更愿意改称约里奥-居里。他们共同发表了多篇科研论文,署名分别是伊雷娜·居里和弗雷德里克·约里奥。在其他文章或政治声明上,他们都会用“约里奥-居里”作为姓氏,至于一般社交场合，他们通常就用“约里奥”。伊雷娜并不在意用什么名字，但弗雷德里克在意。

曾经有同事告诉弗雷德里克，他没必要借居里这一姓氏来抬高自己的身价。弗雷德里克回答：“有意思，你这是想多了吧。你就跟我女儿一样，她也一直跟我说，‘别说你是居里。’”当他跟一名记者提到自己那带有连字符的姓氏时，记者写道：“M·弗雷德里克·约里奥-居里诚然是一个伟人，但这伟大程度看来还不够，不能单用约里奥来称呼他。”这姓氏问题一直没有得到解决。直到晚年，弗雷德里克还想正式将姓氏改为“约里奥-居里”，那样的话，即使他哪天不在了，这带有连字符的姓氏依然可以流传下去。

伊雷娜和弗雷德里克结婚一年后，伊雷娜生了他俩的第一个孩子，埃莱娜。当时，医生告诉伊雷娜，她得了肺结核，不能再要孩子。伊雷娜没有听从，回到实验室继续工作并且在几年后生了第二个孩子，叫皮埃尔(Pierre)，用她父亲的名字命名。

无论在生活上还是工作上，弗雷德里克和伊雷娜都合作愉快。弗雷德里克是物理学家，博士论文却是化学课题；伊雷娜刚好相反，自己是化学家，博士论文却是物理学课题。弗雷德里克有一个敏捷的头脑，能从多角度考虑问题；而伊雷娜更有条理，擅长在解决问题的过程中系统地对每个可能的情况一一研究清楚。他们是互补的一对，每一个人都因为对方的贡献而变得更强大。

他们很快就赢得了富有实力的研究团队的声誉。他们不仅年轻、受过良好教育，而且有条件使用当时全球最先进的实验室之一。伊雷娜和弗雷德里克是在物理学的黄金年代成长起来的，20 世纪 30 年代初期，关于我们的世界究竟是怎样运转这一课题，世界各地的研究人员纷纷取得长足进展。在这段成果丰硕的探索与合作时期，科学家们公开分享自己的实验结果，几乎在每一期的物理学报上都能看到关于具有原创意义的想法、理论和发现的报道。物理学界爆发着令人激动的可能性，至少在当时看来，没有什么是不可能的。

第五章

恰逢其时

比赛开始了。20世纪30年代,全球物理学家展开了竞争,要率先发现然后记录新的想法和洞见。一个想法激发另一个想法,使这一时期成为人类科学进步历程中一个极其富有成果且极其激动人心的阶段。

在多数时候,研究人员都是小团队作战,然后发表他们的论文,造福所有人。在这场国际知识竞赛中,一些主要参赛者是,法国巴黎镭研究所的弗雷德里克·约里奥-居里和伊雷娜·约里奥-居里,德国柏林威廉皇帝研究所的莉泽·迈特纳和奥托·哈恩(Otto Hahn),英国剑桥卡文迪什实验室的欧内斯特·卢瑟福和詹姆斯·查德威克(James Chadwick),意大利罗马大学的恩里科·费米(Enrico Fermi)和他的六人研究团队,以及丹麦哥本哈根理论物理学研究所的尼尔斯·玻尔。随着率先作出某个发现的竞争进入白热化阶段,许多研究人员觉得他们必须加快步伐,尽快发表自己的论文。

当伊雷娜和弗雷德里克于1933年在索尔维会议提交他们的报告时,他们的一些同行就担心他俩的研究是不是做得有点太匆忙,他俩是不是太急于要为自己争一席之地。这一担心不是完全没有依据的。在过去这几年,伊雷娜和弗雷德里克就两次错过机会,未能将两个重大科学发现纳入自己的名下。

为时已晚:错过了中子

在这第一个案例中,伊雷娜受到德国物理学家瓦尔特·博特(Walter Bothe)和赫伯特·贝克尔(Herbert Becker)的工作启发。博特和贝克尔做了一个实验,将一种放射性物质置于一种并不具有放射性的物质旁边,继而观察可能发生什么情况。在这个实验里,博特用放射性的钋释放的粒子轰击轻质金属铍。这一实验产生了一种超出预期的强大辐射。

读了博特和贝克尔的实验报告,伊雷娜和弗雷德里克做了一个跟进研究,试图确定其中出现的新射线到底是什么。首先,他们重复了博特的实验。与他们的预期相符,铍果然释放出能量十足的射线,这些射线甚至可以穿透铅。接着,约里奥-居里夫妇将其他物质置于射线的通路上,看会发生什么。他们发现,当射线穿过固体石蜡时,石蜡的质子就会加速,以约等于十分之一的光速射出。为什么质子会以这样的速度从石蜡里面发射出来?

伊雷娜和弗雷德里克知道其他研究团队也在研究这个问题。因为急于尽快拿出一个说法,约里奥-居里夫妇进行了推理,认为该实验产生了强大的γ射线。但这推理并不正确。1932年1月,他俩在一篇题为"在γ射线的影响下高速质子的辐射……"(The Emission of Protons of Great Speed ... Under the Influence of Gamma Rays)的文章中发表了自己的结论。

看过约里奥-居里夫妇这一推理的人,不是每一个都感到心悦诚服。欧内斯特·卢瑟福就认为那是不可能成立的:"我不信。"他说。γ射线没有质量,也不能让重粒子做那样高速的运动,他这样解释。

进一步的研究显示,约里奥-居里夫妇确实搞错了。他们没有发现γ射线。他们没有读懂自己的数据,那些实际上显示他们找到了中子存在的证据。另一个研究人员随后作出了这一发现。卢瑟福因为对约里奥-居里的说法感到怀疑,所以找来他的同事詹姆斯·查德威克来看看究竟是怎么一回事。查德威克重复了伊雷娜和弗雷德里克的实验,对这一题目的钻研很快就变得越来越深入。整整有那么10天时间,他几乎不眠不休地工作,每天只睡3小时左右。他知道他抓到了一个大题目。

"只要有那么几天高强度的工作,就足够显示这奇怪的现象源于一种中性的粒子,足够促使我去测量它的质量:最终,卢瑟福早在1920年就预言存在并为之命名的中子露出了真面目。"查德威克说。卢瑟福认为原子核里必然存在一种中性的粒子,查德威克是第一个证明这一点的人。就在约里奥-居里夫妇发表他们的文章一个月后,查德威克也在《自然》杂志发表了他的文章,题为"中子的可能存在"(Possible Existence of the Neutron)。1935年,他因为发现中子而获得诺贝尔物理学奖。

伊雷娜和弗雷德里克对自己居然就这样轻易错过这一重大发现感到无比沮丧。"看到其他实验室接过自己开始的实验并后来居上真让人心烦意乱,"弗雷德里克后来这样描述自己科研生涯的这一时期。不过,在公开场合,他依然宽厚地祝贺查德威克做得好。查德威克一直说自己不是第一个产生中子的人,明确提到约里奥-居里夫妇早在他之前就得出了相似的实验结果,只不过,他是第一个正确解释自己实验发现的人。按照意大利物理学家埃米利奥·塞格雷(Emilio Segrè)的说法,查德威克的成就在于"快速、明确且令人信服地"辨认出了中子。约里奥-居里夫妇因为错误理解了自己的数据而与中子的发现擦肩而过,这一挫折不仅非常丢脸,也令人失望。

接下来,同样的错误又发生了。

又一次为时已晚:错过正电子

中子的发现改变了物理学的认识,开辟了新的研究天地。中子通过与质子结合以及自己相互结合而帮助稳定原子核。一旦科学家意识到中子的存在，他们就能计算出原子核的结合能，或是需要多大能量才能将一个原子分裂成一个单独的原子核和自由的电子。此外，中子的个头足够大，可以将一个质子从一个原子的核里轰出来。对世界各地的实验物理学家来说，这一发现意味着他们可以设计全新而有趣的研究项目，利用中子来探索原子核的里面到底在发生什么情况。

当伊雷娜和弗雷德里克用威耳逊云室做一系列实验时，他们观察到某些像电子一样微小的粒子以难以预计且不同寻常的方式运动，留下与电子运动方向相反的轨迹曲线（这提示带正电荷）。它们“以错误的方式退后”，弗雷德里克这样写道。换句话说，这些轨迹看上去就像是一种带有正电荷的粒子造成的，并且，这一现象当时还没有其他科学家观察到。

到底是什么东西？伊雷娜和弗雷德里克对两种可能的解释进行了分析：一是自作主张的电子一不小心穿过云室的隔板直接闯入云室，直奔中子而去；一是他俩发现了一种新的粒子，一种正电子，顾名思义就是带正电荷的粒子，也叫“反电子”。

然而，约里奥-居里夫妇重蹈覆辙，尚未彻底搞清楚自己的观察究竟意味着什么就忙不迭地发表了这一发现。

伊雷娜和弗雷德里克并不知道他们已经找到了足以证明正电子存在的证据，反而留下这个问题待其他科学家进一步寻求正确的解读。几个月后，美国的卡尔·戴维·安德森（Carl David Anderson）重复了约里奥-居里的实验，发现了正电子。当伊雷娜和弗雷德里克听说安德森的发现，他们回头再看了一次他俩拍到的照片，这才意识到他们已找到了正电子存在的证据。只是为时已晚：安德森赢得了发现正电子的荣誉，获得了1936年的诺贝尔物理学奖。

恰逢其时

伊雷娜和弗雷德里克的下一轮实验，正是准备继续寻找正电子。

他们为此设计了一个实验,将分别属于中等质量和轻质量的两种元素同时置于放射性的钋旁边。他们发现,中等质量元素总释放出质子,但轻质量元素有时释放一个质子,有时释放一个中子加一个正电子。

这就是他们要在1933年索维尔会议作报告的研究。这就是与会的其他同行并不相信且莉泽·迈特纳对其中的发现提出质疑的研究。最最重要的是,这就是促使弗雷德里克回到实验室继续工作并促使当晚约里奥-居里夫妇就发现了人工放射性的研究。当弗雷德里克将盖革计数器放在并不具有放射性的金属旁边,重做他们的实验时,他留意到,具有放射性的钋以某种方式将自己的放射性转移给了另外一种金属。这一次,约里奥-居里夫妇看懂了自己这一发现的重大意义。弗雷德里克说:"对中子来说我们来晚了,对正电子来说我们也来晚了,但这一次我们恰逢其时。"

1935年诺贝尔化学奖

纵贯整个1934年,约里奥-居里夫妇都在继续研究人工放射性。几个月内,他们陆续造出了具有放射性的氮和硼,并从铝造出了磷的同位素,从镁造出了硅的同位素。

伊雷娜和弗雷德里克没有得到1934年诺贝尔奖的提名,因为诺贝尔奖委员会通常都要花很长时间才能充分理解每一项发现的效果。但在第二年,他俩收到来自斯德哥尔摩的一封电报,上面写着他们获得了1935年诺贝尔化学奖。这让居里家族的诺贝尔奖数目达到了3个。[再过若干年,夏娃的丈夫、外交官亨利·R·拉布伊斯(Henry R. Labouisse)代表联合国儿童基金会的前身——联合国儿童紧急援助基金会于1965年接受了诺贝尔和平奖,使这一家子获奖达到6人次。夏娃喜欢开玩笑说她给她的家族丢脸了。她说:"我家唯一没有得过诺贝尔奖的就是我。我家先后6人次获得诺贝尔奖。我妈得过2次,我爸1次,我姐和姐夫各1次,我丈夫1次。只有我没拿到。"]

按照传统，镭研究所也在户外花园为约里奥-居里夫妇举行了一次下午茶会。有人问伊雷娜，拿到诺贝尔奖有什么感受，她停了一下，说，“在我们家，我们对荣耀已经习以为常。”

这也是她的一贯态度；多年以前当弗雷德里克问她，生活在一个名人之家有什么感受的时候，她就是这样回答的。一开始她还没听明白问题，自语：“**名人之家？**”然后她说，“荣耀是来自外部的东西。它真的跟我们毫无关系。”在她看来，他们一家只不过是勇敢探索身边世界的科学家。

不过，当伊雷娜在诺贝尔奖颁奖典礼听到主持人念出自己的名字，又从瑞典国王手里接过证书和奖章时，她依然露出了自豪的笑容。毫无疑问，伊雷娜想起了多年以前自己的母亲和父亲也曾站在这同一个舞台。但伊雷娜的激动心情没能持续整个夜晚。她很快就对招待会感到厌倦，当古斯塔夫国王问她在哪里的时候，弗雷德里克是在一个角落里找到她的，她正躲在那儿看书。

当伊雷娜和弗雷德里克返回巴黎后，他们马上回到自己的实验室，精神抖擞地准备投入新一轮的研究。在全球范围，许多研究人员正专注于创造新的具有放射性的元素。有好几个研究团队都对放射性的研究抱有巨大的热情，其中，他俩的一个实力最强大的对手恰是莉泽·迈特纳，那位曾在 1933 年索维尔会议质疑过约里奥-居里夫妇的女科学家。

第六章

失而复得

与伊雷娜·居里从出生之日起就享受世界科坛“第一家庭”第一个孩子的尊贵地位不同,莉泽·迈特纳从未有过这样的特殊待遇。她出生于1878年11月7日,在菲利普·迈特纳(Philipp Meitner)的8个孩子里排第三,老迈特纳是维也纳的首批犹太律师之一,当时维也纳还是奥匈帝国的首都。小迈特纳不是德国人,也不是犹太教徒,她是在一个信奉不可知论的家庭里长大的,并在1908年成为新教徒,但这依然不能让她在阿道夫·希特勒(Adolf Hitler)的纳粹德国免受迫害。

迈特纳家的孩子们从小就被要求独立思考。小迈特纳的母亲黑德维希(Hedwig)这样告诉自己的孩子:“听我和你们的父亲怎么说,但要自己动脑筋!”孩子们得到鼓励要钻研科学,小迈特纳的母亲作为富有才华的钢琴家,负责给孩子们上音乐课。当高等院校向女生敞开大门后,父母就鼓励全部8个孩子都要上学拿学位,男孩女孩一视同仁。很自然地,音乐与物理学成为小迈特纳持续一生的追求。她的姐姐奥古斯特(Auguste)[昵称古斯蒂(Gusti)]成了一名钢琴演奏家,另一个姐姐弗丽达(Frida)拿下了物理学博士学位,成了一名大学教授。她的兄弟瓦尔特(Walter)获得化学博士学位,另一个兄弟弗里茨(Fritz)成为了一名工程师。

莉泽从很小的时候就表现出对科学非常着迷。她会对着雨后的小水洼发呆,琢磨漂在上面的一滴油为什么可以变化出漂亮的色彩。等到有人告诉她,因为油比水轻,所以油会漂浮在水面上,它折射出的光同彩虹一般,她极度兴奋,意识到"原来我们的世界还有这样一些神奇的事情等待发现"。8 岁那年,莉泽一到夜里就把数学课本藏在枕头底下,再小心地把自己卧室的门缝堵严实,这样父母就不会发现她在睡觉时间依然在学习,也就无法对她进行劝阻。

每当她读到关于玛丽·居里和皮埃尔·居里夫妇的文章或新闻报道时,她都特别在意。她比玛丽·居里年轻约 10 岁(比伊雷娜年长约 20 岁),她将这些法国科学家视为偶像,幻想有一天自己也能同样踏上科学征途。玛丽的工作对莉泽有很大的激励作用,使她意识到,原来女性也可以钻研科学一辈子。

在青少年时代,小莉泽对自己前途的设想一直围绕这个愿望:"人生不求轻松,只求没有虚度。"她这一生果然既不轻松也没有虚度。

"失去的岁月"

14 岁那年,小莉泽完成了自己的基础教育。她学了算术、地理、绘画、歌唱、法语和宗教课程,足够她日后操持家务、抚养儿女,因此,她的正式教育任务算是完成了。实际上,当时的奥地利法律禁止女性上高级中学,高级中学是专为男性上大学做准备的教育机构。这让迈特纳家的姑娘们日后取得的成就益发显得不同寻常。

莉泽把 1892—1901 年称为自己"失去的岁月",因为当时她没办法继续求学,而这在她看来给自己的一生带来了严重后果。她渴望上学,她特别想学物理学,但她的父母无计可施,没有办法把她送进高级学校。

作为年轻女生,莉泽对结婚生子毫无兴趣,而她父亲却担心,如果没有成家,没有丈夫帮忙,她到底能不能自立。至于她梦想成为物理学家,这看来特别不靠谱,因为当时这领域留给男生的职位屈指可数,女生更是毫无立足之地。在产业界,留给物理学家的职位也非常少,大学普遍认为物理学是一门死亡的学科,因为物理世界看上去已经没什么新空间有待钻研,该知道的都已经知道了。19 世纪末期,在邻国德国,国家标准局局长宣布:“物理学已经无事可做,只剩下作出更精确的量度这一项。”他万万没有想到,玛丽·居里很快就要作出一系列发现,彻底改写人类对原子与万物的认识。

为了确保莉泽有能力自力更生,她父亲坚持要她花 3 年时间拿下一个有资格在女子精修学校教法语的证书。1899 年,莉泽为这个证书读到第二年时,奥地利政府终于改变了对待教育的态度,宣布大学必须接收考试合格的女性,哪怕她们没有拿到高级中学文凭也没关系。在奥地利,这是有史以来第一次,女性得到许可,可以参加大学入学考试,但她们仍然必须拿到很高的分数才能被录取。当时的大学入学考试,对考生的知识要求差不多相当于现在两年制大专的水平。

莉泽拿到她的法语证书后,她父亲同意聘请一位家庭教师专门辅导她,为她参加大学入学考试做准备。除科学课程以外,莉泽要准备的考试科目包括数学、物理学、心理学、德语文学、希腊语、拉丁语、法语、动物学、植物学、矿物学、逻辑、历史和宗教。她用了 2 年时间完成了相当于 8 年学校课程的学习,包括 8 年的拉丁语和 6 年的希腊语。只要她暂时放下手里的学习,她的弟弟妹妹就会开她的玩笑说:“莉泽你要完蛋了,你居然走过这房间而没有在学习!”

最终,莉泽的刻苦学习换来了理想的结果:总共 14 名女生参加了大学入学考试,只有 4 人通过,莉泽是其中之一。1901 年 10 月,莉泽入读维也纳大学,当时她还差一个月 * 就满 23 岁了。她的“失去的岁月”结束了。

---

* 原文为“还差几个月”,应为笔误。——译者

前往“鸡窝”

莉泽·迈特纳是首位获准入读维也纳大学物理系的女性。她满怀热情选报了分量很重的课程：每周25小时，包括微积分、物理学、化学和植物学。她的功课是如此艰深而且花时间，以至于她不得不常常学习到深夜，第二天白天又要竭尽全力让自己不要在课堂上打瞌睡。尽管她很喜欢自己选的所有课程，但在第一个学年的下半年，她决定必须专注于物理学，包括对物质、磁、热、光、声和电的研究。

当时，女大学生被广泛视为另类。有些男人欢迎和支持女性上大学深造，但其他男人就尽力让女性感到这里不适合她们。多数时候莉泽都独来独往。她非常害羞，本来就不太在意自己能不能跟其他学生融洽相处。在闲暇时间里她喜欢一个人或跟几个朋友一起去听音乐会。她会买维也纳歌剧院最便宜的票，就是高高在上远离舞台的那种座位，她把这地方称为她的“音乐天堂”。有很多场音乐会，她还带上自己的乐谱，边听边看谱。

4年后，莉泽完成了自己的学业，开始做博士论文，关于热是如何在固体中进行传导的。1906年2月，她以**最优等成绩**这一最高荣誉毕业，顺利获得物理学博士学位。时年27岁的她因此成为维也纳大学建校500年来第二位物理学女博士。

即使拥有一个物理学博士学位，但她要找一份工作还是非常困难的。那时候多数奥地利物理学工作者都在大学工作，从一个叫作“助理”的职位起步，但奥地利从来没有过女性助理。被学术界拒于门外之后，为了取悦自己的父亲，莉泽在一所女子高中教了一年法语。

但她没有放弃自己的梦想。除了教法语，她还帮英国物理学家瑞利勋爵(Lord Rayleigh)将他的光学论文从英语翻译为德语，帮瑞利证明了一个让他感到棘手的关于光学反射的观点。基于这些经历，她后来发表了自己的第一批博士后研究论文。她还做了一些研究，了解

α粒子穿过不同物质的效果。（她做实验要用到的镭，恰好来自玛丽·居里和皮埃尔·居里对维也纳大学的捐赠，以回报奥匈帝国赠予玛丽做研究用的矿物质。）

在业余时间，莉泽继续学习，在维也纳大学的理论物理研究所做不拿薪水的工作，这个大学实验室由于外表寒碜而被称为“鸡窝”。她对放射性产生了浓厚的兴趣，便向玛丽·居里的镭研究所发去了求职申请，希望得到一份全职的工作。居里夫人拒绝了。

莉泽并没有气馁，她继续做她的工作。1906年，维也纳大学想邀请著名物理学家马克斯·普朗克（Max Planck）担任客座教授，但普朗克决定还是继续留在柏林。莉泽对普朗克和他的工作印象深刻，所以她申请到柏林大学做博士后研究并被接受。

当时，德国被视为世界的科学中心，这个国家通过不断向大学和技术学校投资，一跃成为一个技术领先的大国。柏林是多位著名的诺贝尔物理学奖得主的家，这些名人包括普朗克、阿尔伯特·爱因斯坦（Albert Einstein）以及马克斯·冯·劳厄（Max von Laue）。普朗克正在研究他的量子论，该理论认为，物质吸收和释放能量是通过一份份被称为量子的最小单位能量实现的。（后来，在1918年，普朗克因为这项研究获得诺贝尔物理学奖。）

莉泽·迈特纳的坚忍不拔和努力工作感动了她的父亲，他同意提供一笔资助，让她可以在柏林学习一个学期。她打算在柏林待大约6个月时间，也可能待一年，但她对物理学界将要发生怎样一番令人激动的巨变一无所知。

动身去柏林

1907年秋天，28岁的迈特纳搬到了柏林，这里已经变成富有才华的年轻物理学家的聚居地。当时普鲁士的大学并不给女性颁发学分，使她们难以获得大学学位，但迈特纳得到允许去旁听课程。迈特纳抵达柏林大学后，她首先拜访了普朗克，希望对方能够许可自己旁听他的课程。迈特纳这样回忆他们的首次见面：

当我在柏林大学向普朗克提出申请要听他的讲座时，他非常亲切地接纳了我，并且没过多久就请我到他家去。我第一次前往拜访，他就问我："你已经是博士了呀！你还想要什么？"我回答说我就是想对物理学有一些真正的认识，他只说了几句友好的话，就放下了这个话题。

普朗克自己并不认同女性求学。在1897年一份发给104位大学教授填写的关于"女性议题"的问卷里，普朗克这样回应：

假如一位女性拥有一份适用于理论物理学的特殊天赋——这并不常见但偶尔还是会发生——并且她本人有志发展这份天赋，我从个人角度和非个人角度都反对以原则问题为由拒绝为她提供学习的机会和工具……但在另一方面，我必须坚持一点事实，即这样一种情况必须永远被视为**例外**。

普朗克对迈特纳的最初反应，在他那一辈德国教授当中是非常典型的。当时的德国人用三个词汇——**孩子**、**厨房**、**教堂**，概括了德国社会认可的女性职责。德国官方政策依旧禁止女性作为全日制学生上课，无论她们来自哪个国家，学术成绩有多好。（在柏林大学，女性直到1909年才被许可作为全日制学生上课，那是在迈特纳抵达柏林两年后。）迈特纳在柏林抓住一切机会向她能找到的自己所在领域的专家学习；她不喜欢被当作弱者对待，但她愿意承受，只为换取她能从中受益的经验。那真是一段学物理的好时光。

迈特纳被普朗克的量子论迷住了，她认为这为深入了解物质的本质提供了绝佳的机会。她从认识普朗克那一刻开始就非常仰慕他。他有"一个罕见的诚实头脑和一份几乎可以说天真的直率"，她说。在柏林，她终于可以做她最喜欢的事情。

与哈恩搭档

不去听普朗克的讲座时，迈特纳想要设计和做有关放射性的实验，但她需要先拿到进入实验室的机会。首先，她去找了海因里希·鲁本斯(Heinrich Rubens)，他是柏林大学实验物理系的主管。迈特纳问他，能不能用系里的一个实验室做她要做的实验。鲁本斯告诉她，他手头唯一可用的就是他的实验室，她要在他手下工作。

迈特纳对他的回答是感激的，但她想独立做研究。她正在琢磨怎样才能拒绝对方而又不让对方感到被冒犯时，鲁本斯补充说，有一名叫作奥托·哈恩的年轻物理学家正要找一名物理学家帮忙做放射性实验。几分钟后，哈恩就出现了。迈特纳后来回忆说：

> 哈恩的年纪与我相仿，非常不拘小节，我觉得自己可以毫不犹豫地向他提出我想问的所有问题。并且，他在放射性领域有很好的口碑，因此我认定他可以教我很多东西。

此外，哈恩富有魅力，他的外向性格与迈特纳的害羞是互补的。

就这样，学物理的迈特纳和学化学的哈恩开始了一段持续超过30年、跨越两次世界大战的合作和友谊。从很多方面看来他俩都是非常奇怪的一对：她纤细瘦弱，他高大健壮；她很害羞，他很外向；她有着若隐若现、非常高深的幽默感，他玩笑不断；她具有批判性思维，喜欢做系统的推理，他却相信直觉，做事情并不总是先追究具体原因。他们的共同之处在于好奇心以及对科学的热爱。

一旦决定开始合作，他们就遇到问题了，因为迈特纳是一位女性。哈恩在化学家埃米尔·费歇尔(Emil Fischer)的柏林化学研究所工作，费歇尔不允许女性出现在他的实验室。他说他禁止女性进入是因为他担心女性的头发可能被本生灯点着,但他却允许面部多毛、留着大胡子的男性在实验室工作。哈恩请求费歇尔重新考虑这一决定,最终,费歇尔同意让迈特纳与哈恩一起工作,条件是她得答应不上楼进入化学系本部。这就是说,她不得不待在地下室的一个小房间里工作,那地方原本计划作为木匠工场。(如果迈特纳要上卫生间,她必须穿过街道走到对面一家酒店,借用酒店的女卫生间。)

迈特纳为自己有地方可以工作感到激动不已。她会在下午与哈恩见面,在那之前的时间,哈恩在研究所,迈特纳在大学听讲座。他们常常工作到夜晚,那时其他人都早已回家。这对朋友遵循着非常正式的礼仪:哈恩称呼迈特纳为"迈特纳女士",迈特纳称呼哈恩为"哈恩先生",多年如此,毫不含糊。尽管如此,他俩的相处非常融洽。他们的工作大体来说也进展顺利。迈特纳这样描写她与哈恩合作的经历:

当我回顾我们超过30年的合作时,在科学经历之外,我最深刻、最亲切的回忆,就是哈恩几乎坚不可摧的乐观和淡定心态,永远乐于助人的精神以及对音乐的喜爱。尽管他并不玩任何一种乐器,但他显然具有音乐天分,对音乐有着非常敏锐的听觉和不同凡响的记忆。我记得他喜欢用唱或吹口哨的方式表现贝多芬(Beethoven)全部交响乐全部乐章的主题,以及柴可夫斯基(Tchaikovsky)交响乐的部分主题。如果他那天心情特别好,他会用口哨吹出贝多芬小提琴协奏曲的很大一部分,有时还会故意改变最后一个乐章的旋律,就为了看我提出抗议而他自己大笑不已。当我们在那个木匠工场工作(我们一直没有助手)时,我们常常会哼唱勃拉姆斯(Brahms)的二重奏,在工作进展顺利的时候尤其会这样。

起先,迈特纳和哈恩研究β辐射,测量来自每种已知元素的辐射。(β粒子是从放射性原子的原子核发射出来的电子或正电子。)他们在

1908年发表了3篇文章,1909年发表了6篇。这对他俩都是一段富有成效的时期,此时他们不仅对放射性建立了一个基本的理解,也掌握了作为研究搭档的合作之道。

身处男性世界

1909年,迈特纳在地下室实验室工作两年后,普鲁士终于对女性敞开了大学的大门。这时,费歇尔第一次允许迈特纳进入这座大楼的其他地区以及拜访楼上的实验室。(他甚至为她设了一个卫生间。)他认可迈特纳的聪明才智以及无可挑剔的工作表现,并成了她最坚定的支持者之一。

但是,实验室的其他男性并不习惯在这里看到一个女性。当迈特纳和哈恩并肩走在街上时,费歇尔的年轻男性助手们会对哈恩打招呼说,"日安,哈恩先生",从而刻意忽略迈特纳。但她从来没有回应此类无礼举动。

迈特纳在其他相关领域同样遭遇来自男性的偏见。一位百科全书编辑非常喜欢她的一篇文章,写信请"迈特纳先生"继续撰稿。但是,当他发现"迈特纳先生"其实是"迈特纳女士"时,他就回信说他从没想过要发表一位女性的作品!

其他实验室的科学家有时候也意识不到迈特纳是一位女士。新西兰物理学家欧内斯特·卢瑟福访问柏林,哈恩将他带到迈特纳所在的地下室实验室跟迈特纳见面。卢瑟福与迈特纳握手时说:"啊!我还以为您是一位先生!"迈特纳觉得这评价很好玩。她唯一的遗憾发生在其后:先生们留下来讨论各自的放射性研究,而她却被派去陪同卢瑟福夫人完成圣诞节采购。

迈特纳总是慷慨地要在她自己独立也能发表的论文上列出哈恩的姓名。迈特纳自己发现了放射性钍会衰变为一种物质,她称之为钍D。一位著名专家建议她独立发表这一结果,哈恩表示赞同,但她还是在提交论文的时候将两人一并列为作者。"他比我有名多了,"她后来解释道。

早期,每当他们要发布自己的研究发现时,迈特纳总是坚持由哈恩来做这件事。她很害羞,不善于发表讲话。他们是同龄人,但因为她上学时间晚了,哈恩的工作经验和信心都比她多出不少。

有时候也有朋友问,为什么迈特纳和哈恩没有结为秦晋之好。每当遇到这样的问题,迈特纳会说:"哦,亲爱的,我就没时间想这事儿!"哈恩的解释是这样的:

> 我们在实验室以外没有任何亲密接触,这是毫无疑问的。莉泽·迈特纳家教严格,非常保守,甚至可以说害羞。我曾经天天跟同事弗朗茨·菲舍尔(Franz Fischer)吃午饭,每个星期三还跟他一起去咖啡馆,但我这么多年以来都没有跟莉泽·迈特纳一起吃过饭,只有必须出席的正式活动除外。我们也没试过一起散步。除去我们都会出席的物理学讨论会,我们只在那个木匠工场(实验室)见面。我们在那里通常一直工作到晚上8点……我们当中有一个人必须外出去买火腿或奶酪回来,不然商店就要关门了。我们从来没有一起吃我们的冷晚餐。莉泽·迈特纳独自回家,我也是。但我们依然是非常要好的朋友。

迈特纳与哈恩合作的工作是没有薪水的,只要迈特纳依然在实验室工作,她是不可能找到一个有意愿也有能力为她提供资助的丈夫的。她不得不继续依赖她父亲给她的那份资助,那是她唯一的收入来源。

尽管迈特纳终生未婚,但她跟好几个朋友维持了长达一辈子的友谊。她是一个具有奉献精神的忠实朋友,一个从自己的工作中找到最具分量的意义和最大满足的人。因为可以自由展现自己的学识和创造力,所以在这一时期迈特纳获得了欢乐和真正的个人成长。

第七章

一个属于她自己的实验室

在柏林期间,莉泽·迈特纳在个人和专业这两方面成长迅速。在实验室里,她被视为坚忍不拔而又有那么一点冷漠的领导者,是以严谨且富有创造力著称的研究者。

尽管实验室里还有那么一些人有意回避她,一心让她难堪,但全球最负盛名的几位科学家,比如马克斯·普朗克、阿尔伯特·爱因斯坦、詹姆斯·弗兰克(James Franck)、尼尔斯·玻尔、马克斯·玻恩(Max Born)、埃尔温·薛定谔(Erwin Schrödinger)以及马克斯·冯·劳厄,都把她当作同事和朋友。"他们都是那么值得认识的好人,"迈特纳说,"每个人都乐于助人,都乐见对方取得成功。想象一下,被这样一个了不起的群体以这样一种友好的方式接纳,对我意味着什么"。

星期三讨论会

"放射性和原子物理学正以人们难以置信的速度飞快发展,"迈特纳说,"几乎每个月都能从这些领域的某个实验室传来令人惊奇的新发现的消息。"为了跟上这一迅速发展的态势,海因里希·鲁本斯开始主持每周一次的讨论会或讲座，请物理学家解释自己的研究。每个星期三，迈特纳都会跟另外几十位物理学家从柏林的不同研究机构赶来这里听讲座。这让他们有机会了解物理学各个领域正在做的研究。前排座位星光熠熠：落座的几乎清一色都是诺贝尔奖得主，外加迈特纳。

“讨论会是我这辈子最重要的头等大事，”詹姆斯·弗兰克说，他于1925年凭原子结构的研究工作获得诺贝尔物理学奖。“你可以看到当时最伟大的学者如何奋力解决自己面对的难题……我们很多人之所以要做量子研究，就是因为我们想参加这个讨论会。”迈特纳说：

到1907年，这些讨论会已然成为一个非同寻常的学术活动中心。当时源源不断涌现的新成果都在这里展现，经受讨论。我记得这里有过天文学、物理学、化学的讲座，比如理论天文学家卡尔·史瓦西(Karl Schwarzschild)做过关于不同时期的恒星的讲座，詹姆斯·弗兰克做过有关当时被称为原子亚稳定态的主题讲座，还有人讲过能量离子化与量子理论的联系。你能从那里获得的知识和成长都是非同寻常的。

她说，物理学的发展已经变成“我生命中富有魔力的美妙伴奏”。

有些讲座对迈特纳的思考带来了持久且显著的影响。比如，迈特纳非常清楚地记得她在萨尔茨堡听阿尔伯特·爱因斯坦在一次研讨会发言的情形。半个世纪过后，她这样回忆：

当时我还不能完全把握相对论的意义，不知道它将在我们的时间和空间的概念上催生一次革命性的改变。但在那次讲座期间，爱因斯坦确实谈到了相对论，并从中推出了公式：能量等于质量与光速平方的乘积[$E=mc^2$]，并证明放射性必然与一种惯性质量有关。这两个事实如此新奇而又出人意料，直到今天我依然对那次讲座记得清清楚楚。

尽管当时她并不理解相对论的意义，她却将这次讲座的细节牢牢记住很多年，后来也是基于这一记忆突然搞明白了原子裂变现象。

威廉皇帝研究所

1912 年，德国政府建立了一个由独立的、配备先进设备的学术研究实验室组成的网络，这些实验室是由私人企业创办和资助的。威廉皇帝学会作为上级机构，下面有 3 个大型研究所，分布在柏林外围 24 千米半径范围内，分别研究化学、物理化学和生物化学。

在这几个威廉皇帝研究所开张之际，奥托 · 哈恩答应出任化学研究所放射化学分部主管，年薪 5000 马克。与此同时，迈特纳应邀前往哈恩的实验室，成为不受薪的“客人”。迈特纳特别想在研究所与哈恩一起工作，但钱成了一个大问题。她的父亲一年前去世了，她再也得不到他的资助。她通过将科学文章从英语译为德语以及给科普杂志写文章挣了一些稿费，但这些钱还是不够养活她自己。

这时候，布拉格大学向迈特纳伸出了橄榄枝，职位是副教授。她不愿意离开德国，但她如果没有收入就一定留不下来。迈特纳告诉普朗克，她看上去已经别无选择，必须接收这一职位。普朗克的回应是，邀请她担任自己在大学的助手。就这样，在 1912 年，抵达柏林 5 年后，迈特纳成为普朗克的首位女助手，负责给 200 名学生的作业打分并帮忙组织普朗克的研讨会。迈特纳感到激动不已。她说：

这不仅让我有机会在像普朗克这样的谦谦君子及杰出科学家的指导下工作，而且也开启了我科研事业的大门。这在多数科学家看来就是进入科研活动的护照，极大地有助于克服阻碍女性留在学术界的各种偏见。

助教工作的薪水不高，却足够让迈特纳留在柏林，继续从事她热爱的工作。

迈特纳将自己的工作时间一分为二,一部分在大学做助教,一部分在化学研究所做研究。她与哈恩合作,对放射现象进行不同角度的研究,但他们的工作进度很快就被迫放缓,因为德国在 1914 年陷入了战争。

战争时期的迈特纳

第一次世界大战开始后,在最初的几个月里,迈特纳了解到,玛丽·居里和伊雷娜·居里在战地医院用 X 射线做检查。受居里母女对 X 射线的运用的启发,迈特纳开始考虑在奥地利也做类似工作的可能性。当然了,是为德国一方做,而不是为法国一方。

随着战事爆发,德国科学界陷入一片混乱。学生和科学家纷纷离开他们的实验室和教室,投笔从戎,要为德国而战,军方也陆续将教室和仓库变成医院和动员中心。奥托·哈恩已经被抽调,去搞化学武器项目了。迈特纳没有办法如常继续研究。

为了在战争期间支援自己的祖国,迈特纳开始在柏林郊外李希费尔德的城市医院工作。她学了人体解剖课和 X 射线技术课,1915 年 7 月,迈特纳回到维也纳,志愿加入奥地利军队,成为 X 射线技术员和外科护士。没几天工夫她就完成了训练,打了疫苗,被派到伦贝格(现在是乌克兰的利沃夫)一所战地医院,那儿离俄国前线不远。眼前的景象让她大吃一惊。8 月初,她写信给一位朋友:

我们正在努力把当地一所理工学院改造为一所战地医院。目前这里只有一所流动医院,大约 6000—7000 名伤员不得不尽快转到其他地方就医。若战地医院就绪,至少可以有一部分伤员能在医院住一段时间,这有利于他们的康复……我从没想过情况如此恶劣。这些可怜的人们,不得不承受最可怕的痛苦,成为瘸子可能是最好的结局。你可以听到他们的惨叫和呻吟，看到他们可怕的伤口。今天我们接待了一位捷克士兵，他的胳膊和腿严重受伤，他痛苦地呻吟着，眼泪从他的脸庞滑落……因为我们离前线只有40千米左右，所以我们这里接待的都是受伤最严重的士兵。我不停地提醒自己这一事实，希望让自己好受一点。但你只要亲眼看到这一切，你就会对战争产生你自己的看法。

迈特纳几乎不眠不休地工作，常常一个班次下来就是20个小时。她所看到的炼狱景象让她非常痛恨战争。1915年10月14日，迈特纳写信给哈恩：

你根本想象不到我在这里的生活是怎样的。这世上存在物理学，我曾经做过物理学研究，并且希望以后依然有机会做，但是现在这一切看来是那么的遥远，它们就好像从来没有发生过，以后也再不会发生。夜里躺在床上我根本不能很快入睡，有时思乡病就会发作。但到了白天，我满脑子想的就只有我的病人。

我做了超过200张的X射线胶片，却仍要留有大量时间在外科室帮忙……这些病人抱有和流露的感激之情几乎让我感到羞愧。常常遇到的情况是病人伤势如此严重，我们根本就无力回天。

哈恩对战争之苦也是感同身受。他被抽调去德国维滕贝格的德国毒气战部队做化学研究，但他起先并不知道自己正在制造的有毒气体是要用来打击对方士兵的。一旦得知真相，哈恩深感羞愧和沮丧。他争辩说使用化学武器违反了海牙公约，但他被告知，使用毒气可以挽救的生命比毒气本身戕害的生命要多。哈恩没再坚持己见。1915年4月22日，德国在比利时的伊普尔投放168吨氯气，发起了世界上第一次毒气攻击。

哈恩不仅要在实验室工作，还要前往接近比利时的第126步兵团的战壕参加战斗。战争结束40年后，一位德国记者在采访哈恩的时候，问起他在第一次世界大战的经历。哈恩说：

起先，我们用我们制造的气体攻击俄国士兵，之后，我们看到那可怜的伤员倒在地上缓慢死去，我们就试图用救生设备缓解他们呼吸的痛苦。这让我们意识到战争极度没有意义。你先是竭尽全力试图将对方战壕里的陌生人消灭干净，然后你面对面看到了他们，你就受不了自己的所作所为造成的结果，你想帮他们。但我们已是回天乏术。

哈恩觉得自己别无选择，只能按照自己得到的命令行事。多年以后，他在自己的回忆录写道："由于持续跟这些剧毒气体打交道，我们自己的思维也变得如此麻木，以至于对这整个事情渐渐失去了顾忌。"

德国的化学武器计划当时是由弗里茨·哈伯(Fritz Haber)主管，他是犹太人，也是支持使用毒气的化学家。他认为："这是拯救无数生命的一个办法，如果毒气能让战争早日结束。"哈伯的妻子也是化学家，她一再恳求自己的丈夫停止制造和使用毒气。但他就是不听；她深陷绝望，用丈夫的配枪，一把转轮手枪，直接射击自己的心脏而自杀，时间选在丈夫返回前线准备指挥实施下一场毒气战的那天晚上。

在第二次世界大战期间，类似哈伯制造的毒气又被用来对付犹太人。

发现镤的过程

迈特纳的科学研究在战争时期也在继续。离开实验室上战场之前，迈特纳就在威廉皇帝研究所开始了一项长期的实验，其设计意图在于确定放射性元素铀(原子序数92)和锕(原子序数89)的关系。只要轮到休息或短期休假，她就会赶回实验室继续这个项目。

当哈恩告诉迈特纳她的这个实验室马上就会被征用作军事研究用途，迈特纳简直忧心如焚。一旦士兵们扰乱了她的工作空间，她那些正在进行的实验就会遭到破坏,几年来的工作就会付诸东流。1917 年秋天,迈特纳终于可以退伍,返回威廉皇帝研究所的实验室进行她的全职工作。她殚精竭虑地确保自己多年的实验不被打断的努力终于获得回报:她从实验的样本中检测到 α 射线,随后她确认里面包含锕,跟她此前的预期一致。接下来她将样本放在酸里加热至沸腾,对化学反应生成的物质当中的固体残渣进行过滤、干燥。她换了一种强度更高的酸又做了一次,对余下的物质做进一步的纯化。几个月的系统工作做下来,迈特纳分离出一种新的元素,锕的前体,她将其命名为镤(原子序数 91)。她的实验证明,锕是镤的放射性衰变的产物。

1918 年 3 月 16 日,迈特纳和哈恩在《物理化学学报》(*Journal of Physical Chemistry*)上发表了一篇论文,题为"锕的母物质,一种新的具有长半衰期的放射性元素"(The Mother Substance of Actinium, a New Radioactive Element of Long Half-Life)。尽管哈恩在这项研究中没做什么工作,但迈特纳坚持要求他列名,因为他有早期贡献。她甚至将他列为这篇论文的第一作者,后来她说这是因为哈恩比她有名得多。

战后机会

第一次世界大战于 1918 年 11 月 11 日结束,德国投降。战争终于结束了,迈特纳已经跻身世界顶尖物理学家行列,并且准备探索战后这个世界是否更加适合女性从事科研工作。尽管德国战后经济困难重重,但研究所却蒸蒸日上,因为德国希望通过研究所改善国内各个产业,帮助国家回到复苏正轨。法本公司作为德国一家化工企业,在战争后期就对研究所提供了经济资助,现在也继续资助他们的研究。

迈特纳被要求在化学研究所成立一个新的物理部门,并出任主管。她还得到足够的资源,要着手建立一个实验物理学实验室,这个实验室要足以跟居里在巴黎的镭研究所、卢瑟福在英格兰剑桥的卡文迪什实验室抗衡。

1921 年,迈特纳开始在柏林大学物理系教书,4 年后成为副教授。尽管当时她已经有所成就,声名远扬,她还是需要先通过一次口试,同时举办一场公开讲座,证明自己拥有扎实的物理学知识。她已对天体物理学中的放射性研究着迷,所以她将自己的就职讲座题为“放射性对宇宙进程的意义”(The Significant of Radioactivity for Cosmic Processes)。柏林的学术媒体发布了迈特纳讲座的消息,毕竟这是第一次由女性主讲的讲座,但他们把标题写成“放射性对化妆品进程的意义”(The Significant of Radioactivity for Cosmetic Processes)。

迈特纳在副教授这个职位上一路高歌猛进:1926 年,她 47 岁,成为德国首位物理学全职教授。1926—1938 年是迈特纳一生当中最富有创造力也是最快乐的时期。她的研究遥遥领先,她被誉为首屈一指的杰出物理学家。爱因斯坦称她为“我们德国的居里夫人”。

在那个时候,人类对原子的认识有了长足的进步,但对原子能的潜在影响依然知之不足。1933 年,爱因斯坦对一位记者说,释放原子能的努力是注定没有结果的。同年,欧内斯特·卢瑟福也说,“期待从原子转化过程获得能量的人是痴人说梦”。没有人能够预见到,世界将在很多方面发生改变。

至于迈特纳,尽管在第一次世界大战期间目睹物理学可以造成怎样的伤害,但她对物理学可以在这世上发挥的作用依然感到非常乐观。她依然相信自己的工作可以对未来很多代人起到积极的影响。她给一位朋友写道,“我全心全意地热爱物理学。物理学就像我生命的一部分。这是一种个人色彩浓厚的爱,就像一个人对另一个人会有的那种感情,只要遇见这个人,你会觉得想要谢天谢地。”

第八章

镭:是疗法还是毒药?

莉泽·迈特纳和伊雷娜·居里很可能确实对物理学如何用于造福人类抱有崇高而善良的想法,但不是所有人都这么看。一些公司就看到了将科学新突破变成赚钱新方式的机会。

回顾20世纪20年代和20世纪30年代,镭被宣传为"魔法药"。医生开出了用放射性元素治疗癌症的药物和疗程——跟今天的做法差不多,他们还用这些东西治疗痛风、关节炎、皮炎、几种结核病以及其他病情。

第一次世界大战期间,医护人员曾经给严重失血的士兵静脉注射镭溶剂,还将镭作外用,刺激神经、拉伸关节以及松弛疤痕组织。

生产商和推销员很快就开始用放射性来推广自己的商业产品。想要灿烂的笑容吗?用含镭牙膏刷牙吧!想要迷人的肤色吗?试试加了镭的润肤霜吧!想要精神一振吗?用放射性浴盐泡个澡吧!到了1929年,在欧洲市面上已经出现超过80种的含有放射性成分的专利药物,在美国也有很多这样的产品。人们把镭加入化妆品、巧克力、香烟和其他许多产品中,并且不约而同地宣称,这些含有镭的产品可以延年益寿,增强活力,强身健体。

广告公司还不至于胆敢用居里的名字来推销产品。伊雷娜和母亲一度咨询过律师，看能否阻止厂家继续做广告推销某个“阿尔弗雷德里克·居里博士”牌的含镭和钍的面霜，却发现还真有这么一位法国博士，就叫阿尔弗雷德克·居里(AlFrédéric Curie)，跟玛丽和皮埃尔都没有亲属关系，而他也真有一系列的美容护肤产品在卖，并且全都含有放射性物质，分别是氯化钍和溴化镭。

没过多久，有证据表明这些产品和疗法多有直接的危险以及潜在的致命性。接受治疗的病人和开出药方的医生都开始出现症状，严重程度从放射性皮炎(由于接触到辐射而产生皮肤刺激)到镭性坏死(组织坏死，可能导致坏疽甚至死亡)不等。人们开始意识到，过量的辐射是有害的，但没有人知道多少是过量。

“夜光”表盘画师

最著名的镭中毒案例，可能要数20世纪20年代发生在美国新泽西州奥兰治的事件。当时，美国镭公司请了数百位年轻女工，在钟表盘面绘制数字，在其他仪表盘面绘制其他标志。她们用的是夜光牌颜料，这种颜料里面含有微量的镭，在黑暗中可以发出微光。为了画出符合要求的细致线条，女工们要用超细的毛笔，每一支笔只有几根纤细的骆驼毛。并且，为了保持线条清晰，公司鼓励女工们下笔之前先用嘴唇理顺笔尖，而这很容易导致她们不知不觉吞下极少量的颜料。

当时，没有人想到这一做法会有任何健康风险。毕竟这颜料里面含有镭的分量极低，镭和亚硫化锌的比例在1:30 000以下。人们普遍认为这么一点镭是完全无害的，而且，当时很多人甚至相信，镭辐射是对健康有好处的。真相却是，为美国镭公司工作的这批女工，就在每天描画250个表盘的过程中渐渐中毒。

镭在人体内可以取代骨骼里的钙。时间长了，镭辐射会造成骨骼退化，导致下颚坏死、牙龈出血、严重贫血、虚弱以及骨骼和骨髓癌变。

美国镭公司的女工开始出现镭中毒的症状,1925 年,5 位女工将公司告上法庭。3 年后,她们赢了这场官司,取得了工人维权史上一次里程碑式的胜利,但到那时,已经有超过 15 名女工离开人世。

案件宣判后,一位美国记者问玛丽·居里有没有什么建议要告诉这些表盘画师。她建议她们吃小牛肝来补铁,以及多做运动,多呼吸新鲜空气。这是她应对辐射相关疾病的万用疗法。

"危害健康"

证据渐渐积累,表明辐射可能造成严重的健康问题。在法国,已经出现几例与接触放射性材料有关的死亡案例,其中就有伊雷娜的一个朋友。她的工作涉及新钍和镭,由于不慎将放射性材料泼洒在自己身上,很快就去世了。在另一个独立的案例中,两位工程师因准备医用放射性材料而死于白血病和贫血。

在伊雷娜工作的镭研究所,有一名波兰化学家,名叫索尼娅·科泰勒(Sonia Cotelle)。她在实验室工作了很久,遇到了事故,钋在她面前发生了爆炸。伊雷娜写信给玛丽报告说,科泰勒"病情非常严重……她肠胃不舒服,头发大量脱落,等等",并暗示玛丽,科泰勒可能吞下少量放射性元素。伊雷娜的另一位同事出现了严重的视力问题,还有若干案例显示,放射性皮炎可能最终导致失去手指。实验室里还发生了其他一些死亡案例:一个人死于支气管炎,两个人死于肺结核。现在看来这都是悲剧,他们的病情很可能是由于暴露于辐射而发生或恶化的。

作为对这些死亡案例的回应,1925 年,法国医学科学院指定了一个委员会,就涉放射性材料工作人士的安全状况进行调查。该委员会由玛丽·居里主持。4 年前,法国医学科学院准备过一份类似的报告,当时的结论是公众对放射性材料的使用抱有"没有证据支持的恐惧"。这一次,在这一份调查报告里,玛丽和她的合作者们采取了不同的立场。

1925年该委员会赞扬了1921年的报告，但承认没有做足安全防护措施就接触放射性物质是危险的，特别是接触镭和钍。新报告还对吸入α粒子提出了警告，指明这会导致血液病变；提出了若干安全建议，包括将放射性物质用重金属包起来，用约2.5厘米厚的铅板将工作人员与放射性源隔开，以及要求需要接触放射性物质的工作人员定期验血，希望可以及时觉察异常情况。最后，该报告建议，"将准备、处理或运输放射性物质的工业厂房标记为有害健康"，并接受职业卫生部门的监管。

作为委员会成员，玛丽提出的建议，每一条都已经在她自己的实验室落实到位。尽管她和伊雷娜都以漫不经心的态度对待自己的镭灼伤并将自己暴露在辐射中，但镭研究所确实致力于按照当时的标准保护自己的工作人员。早在1921年，镭研究所的工作人员就要执行如定期验血、安全存储放射性物质、使用保护性的铅板以及拿起放射性玻璃小瓶要用镊子而非直接用手指等规定。

不过，镭研究所的定期验血要求，与其说是为了保障工作人员的安全，不如说它表明了工作人员依然暴露于不安全水平的辐射，即使已经采取了以上这些防护措施也无济于事。例如，1931年，在20名工作人员里，有7人血液出现异常情况。这几个出现血液异常情况的人马上被送去郊外度假，呼吸新鲜空气。事实上，当时的医生相信放射性中毒造成的问题是暂时性的，只要休息一下并待在户外一段时间就能康复。1927年，当伊雷娜的血液出现异常情况时，玛丽写信给她的兄弟说："伊雷娜还是觉得不舒服……她很快就要外出度假两周，尽情享受冬季冰雪运动，希望这次在山里的旅行有助于治愈她的贫血。"

那时候还没有什么公共防护可言。20世纪初期，跟在欧洲一样，含镭的产品也在美国出售。在20世纪20年代和30年代，怀着良好本意的医生会给病人开出"强化"放射性水以帮助病人康复。1932年，一位名叫埃本·拜尔斯(Eben Byers)的高尔夫球运动员在按医生的建议这样做了以后意外死亡。当时，拜尔斯的胳膊受了伤，他的医生让他喝一种叫作放射性指示剂的液体,这是一种拥有专利的能量增进饮料,是用蒸馏水加微量镭和新钍制成的,宣称可以消除疲劳、肌肉酸痛、关节疼痛和其他一些症状。

5 年来,拜尔斯每天喝几瓶这种饮料,最终,他的下巴坏死,牙齿脱落,体重急剧降到 45 千克以下。他于 51 岁去世,验尸报告确认死因就是镭中毒(其实是由放射性导致的癌症)。他的悲惨死亡引起了公众的广泛关注,作为回应,立法者们通过了有关法规,限制放射性元素在消费品中使用。伊雷娜没有就镭在家用产品上的使用公开表态,她和其他研究人员一样,还不是百分百清楚,与暴露于辐射相关的健康风险是怎么回事。

莉泽的实验室

第一次世界大战过后,当莉泽 · 迈特纳和奥托 · 哈恩开启他们在威廉皇帝研究所的新实验室时,他们就对避免暴露于辐射一事格外在意。在他们原来的实验室,他们有时候难以测量辐射强度,因为自己的工作环境已经被微量的放射性物质污染。但是迈特纳知道,一个更加干净的实验室意味着更加可靠的实验结果,因此她不遗余力地要将实验室维持在一尘不染、毫无放射性污染的状态。

这实验室从设计之初就强调卫生与安全。迈特纳在电话和门把手旁边都放了很多卷卫生纸,这样大家就可以随时拿来擦干净电话和门把手。作为实验室的规矩之一,握手是禁止的。实验室和其他会议场地都配备了深色的轻质椅子,这样一来,就可以要求处理过放射性材料的人只能坐在指定区域。她的努力得到了回报:25 年后,实验室依然免于放射性污染。

更重要的是,迈特纳和哈恩没有遭受任何一种已知的暴露于辐射可能造成的副作用,尽管他们都勤勤恳恳守着放射性元素研究了一辈子。这两位研究人员都过着健康而长寿的生活,都活到了 80 多岁。

镭伸出了魔爪

随着时间流逝,居里家族,包括玛丽、皮埃尔、伊雷娜和弗雷德里克,必然渐渐了解他们挚爱的镭和钋对他们的健康有着非常不好的影响。他们全都出现镭中毒的病态表现,除了皮埃尔由于车祸横遭不幸之外,全都由于过度暴露于辐射而早逝。

现在回头看,确认放射性造成的损害并没有想象的那么容易。放射性对身体的损害是悄无声息的,并且,哪一种健康问题应该直接归咎为暴露于辐射,答案并不总是明显的。从来没有出现过这样一种毒物:一种看不见的物质,在漫长的岁月里渐渐对身体造成损害,并且,对不同的人会有不同的方式。此外,尽管放射性材料既有疗效又有危害,但人们往往更加愿意只看它的好处——它具有杀死癌细胞的性质,而无视它也有造成癌症的效果。

伊雷娜从成年以后就不断出现健康问题,包括贫血和辐射中毒,但她拒绝正视这些疾病。跟她母亲一样,她具有很强的工作伦理观,希望通过自己的研究工作证明自己。她才不要承认暴露于辐射损害了自己的健康呢,因为那样做就意味着必须放弃她的挚爱:她的工作。

第九章

重金属

20 世纪 30 年代,随着物理学家对原子结构的了解逐渐深入,他们对创造新元素的可能性也越来越好奇。多年以来,科学家曾经煞费苦心地制作了元素周期表,按照原子序数(原子核内包含的质子数)确定所有已知元素的位置。氢的位次最低,原子序数为 1,铀的原子序数是 92,在天然的元素里排位最高。

科学家不满足于这些已知的知识,他们想要通过创造自然界并不存在的新元素,将物理学研究推向未知领域。研究人员希望创造"超铀"元素(原子序数超过 92),做法是用另外的中子轰击铀。他们分析,如果一个中子可以进入铀原子核,那么,铀原子就会释放一个 β 粒子(一种高速的电子或正电子),同时这个中子会变成质子,从而形成一种新的元素,其原子序数等于或大于 93。

世界各地的研究人员都被这一想法迷住了,纷纷组队试图率先造出超铀元素。加入超铀元素研究的学者,就是那些最早潜心钻研原子结构的科学家,包括法国的伊雷娜・居里、德国的莉泽・迈特纳和奥托・哈恩、英国的欧内斯特・卢瑟福以及意大利的恩里科・费米。

元素周期表

元素周期表提供了一种形式,将化学元素按照它们的原子序数(原子核内含有的质子数)进行排列。元素在表中的排列显示了一种循环模式,这有助于化学家分析和预测化学行为。第一张元素周期表于 1869 年由俄国化学家德米特里·门捷列夫(Dmitri Mendeleev)设计。现代的版本包括了原子序数从 1(氢)到 118(Uuo)的元素,但其中还有几个元素尚未得到确认。

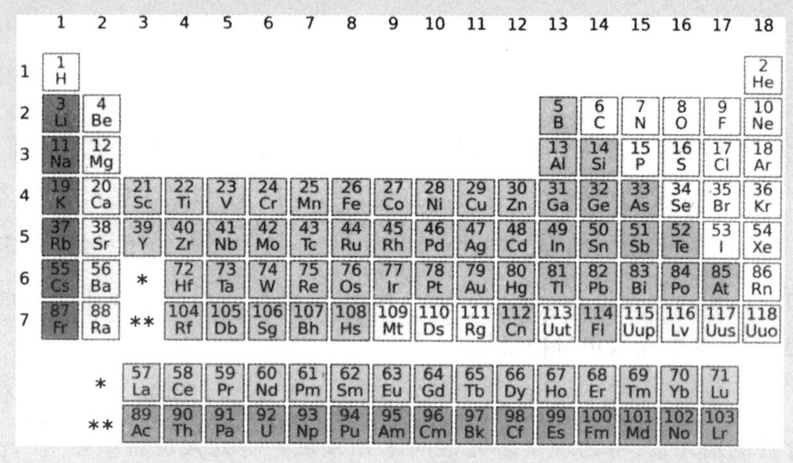

	1	2	3	4	5	6	7	8	9	10	11	12	13	14	15	16	17	18
1	1 H																	2 He
2	3 Li	4 Be											5 B	6 C	7 N	8 O	9 F	10 Ne
3	11 Na	12 Mg											13 Al	14 Si	15 P	16 S	17 Cl	18 Ar
4	19 K	20 Ca	21 Sc	22 Ti	23 V	24 Cr	25 Mn	26 Fe	27 Co	28 Ni	29 Cu	30 Zn	31 Ga	32 Ge	33 As	34 Se	35 Br	36 Kr
5	37 Rb	38 Sr	39 Y	40 Zr	41 Nb	42 Mo	43 Tc	44 Ru	45 Rh	46 Pd	47 Ag	48 Cd	49 In	50 Sn	51 Sb	52 Te	53 I	54 Xe
6	55 Cs	56 Ba	*	72 Hf	73 Ta	74 W	75 Re	76 Os	77 Ir	78 Pt	79 Au	80 Hg	81 Tl	82 Pb	83 Bi	84 Po	85 At	86 Rn
7	87 Fr	88 Ra	**	104 Rf	105 Db	106 Sg	107 Bh	108 Hs	109 Mt	110 Ds	111 Rg	112 Cn	113 Uut	114 Fl	115 Uup	116 Lv	117 Uus	118 Uuo
		*	57 La	58 Ce	59 Pr	60 Nd	61 Pm	62 Sm	63 Eu	64 Gd	65 Tb	66 Dy	67 Ho	68 Er	69 Tm	70 Yb	71 Lu	
		**	89 Ac	90 Th	91 Pa	92 U	93 Np	94 Pu	95 Am	96 Cm	97 Bk	98 Cf	99 Es	100 Fm	101 Md	102 No	103 Lr	

1934 年,费米认为自己创造出了 93 号元素。当时他和他的团队在做一个更大的题目,非常系统地逐一对每个元素进行辐射,试图让这些元素具有放射性。做法是将每个元素逐一放在释放中子的放射性材料旁边。最后,轮到铀时,费米希望其原子核能吸收中子,变成一个新的更重的人造元素。实验完成后,费米得出结论,自己已找到了 93 号元素,但随之而来的还有一批其他粒子,这让他感到非常困惑,因为他还没有办法确认它们究竟是什么。

其他研究团队听说了费米的实验之后,也着手设计自己的实验。

迈特纳和哈恩上次合作已经是 12 年前的事了,但对于这个项目,迈特纳还是想跟哈恩合作,因为她信任他。这样的实验正好需要像他这样兼备物理学和化学知识的人,而且他还是放射化学专家,能够在只有区区几个原子可以分析的情况下辨认出新的超重元素。

经过几个星期的劝说,哈恩终于同意加入。他带来了一位年轻的分析化学家弗里茨·斯特拉斯曼(Fritz Strassmann)。从 1934 年开始到 1936 年,迈特纳、哈恩和斯特拉斯曼这个团队的工作卓有成效,发表了 8 篇关于超重超铀元素的论文。作为化学家,哈恩非常乐于探索新元素。迈特纳的外甥、物理学家奥托·罗伯特·弗里施(Otto Robert Frisch)说,"对哈恩来说,他仿佛回到了美好的旧时光,新元素就像苹果一样,只要你摇一摇苹果树,苹果就会纷纷落下来。"

在法国,伊雷娜-约里奥·居里也在做同样的努力。因为发现人工放射性而获得诺贝尔奖之后,伊雷娜和弗雷德里克的研究团队就散伙了(婚姻没有散伙哦)。弗雷德里克收到了来自法国最负盛名的研究机构法兰西公学院的工作邀请,他接受了。院方有地方给他建一台回旋加速器,这是粒子加速器的一个早期版本,这种精密设备的原理是用电磁力操纵亚原子粒子的速度。他已经意识到,核物理学家一定会用到加速器来打开原子核。弗雷德里克还想向世界证明,即使没有伊雷娜,他也可以有所成就。这时,伊雷娜已经是巴黎大学的教授,兼镭研究所所长。她开始跟另一位搭档合作,那就是保罗·萨维奇(Paul Savitch),一位来自南斯拉夫王国的年轻物理学家。

伊雷娜和迈特纳,当然还有其他同行,都在做实验,希望可以创造超铀元素,然而,他们得到了不同的却都让人感到不解的结果。所有人都以为,铀会吸收那个用来轰击它的中子,变成一种更重的元素。但伊雷娜和萨维奇用中子轰击铀,得到的是一种看上去像是已知元素镧的东西,镧的原子序数为 57,比铀轻了许多。迈特纳、哈恩和斯特拉斯曼也用中子轰击铀,得到的结果却像是钡,这是另一种已知元素,原子序数为 56。费米团队的一位意大利物理学家说:"哈恩和迈特纳做的第一件事,就是确认我们的所有实验结果……然而,随着他们的实验做得越多,他们发现情况变得越来越'奇怪'。这就是说,他们开始发现看上去像是锕和镭的东西,整个局面变得越来越复杂,毫无头绪。"

"好奇素"

为什么这些研究小组陆续得到出人意料且不一致的结果?在多个实验里,研究人员正在创造同位素,这是一种元素的变体,拥有同样数目的质子,因此原子序数是一样的,区别在于中子数目,这使原子的质量(也就是质子数量加中子数量)发生了改变。放射性元素从一个同位素向另一个同位素衰变,直到变得稳定下来。这种一步一步发生改变的过程,叫作**衰变系**或**衰变链**。

对铀的研究得出了令人不解的结果。研究人员试图基于新物质的化学行为来区分它们,但这样做困难重重。没有人能够确切知道或预计接下来会发生什么。研究人员认为自己会找到可以简单地扩充元素周期表的新元素,但没有办法对这些超铀物质进行归类。

研究团队之间的竞争日趋激烈。尽管迈特纳和伊雷娜是同行,但她们不是朋友。她们在科学研讨会上见过面,却没能因她们是所在领域的顶尖女科学家而形成惺惺相惜的亲切感。1935 年 5 月初,哈恩和迈特纳宣布,他们发现了钍的放射性衰变系。稍后,也是在 5 月,伊雷娜和她的团队宣布,他们也发现了那个缺失的衰变系,但他们的结果不一样。

首先,迈特纳和哈恩对伊雷娜没能在她最近发表的一篇论文中充分肯定他们的贡献感到不满。哈恩特别想要得到专业的学术认可,因为他在当时的纳粹德国感到自己的地位非常危险,前途变得不可预知。哈恩在提到政治局势以及保护自身名誉的重要性时写道:"我们对此感到非常遗憾,因为来自学界的肯定从未像此刻这样显得不可或缺。"此外,哈恩也很清楚,如果得不到专业认可,迈特纳作为犹太后裔,在德国这个越来越充满敌意的环境中也危险重重。

除了学术名誉上的问题,迈特纳和伊雷娜还开始了针锋相对的斗争,都说对方搞错了。关于原子核的结构和本质的理论都要基于实验证据,而非可观察的信息。迈特纳以擅长检验数据并建立理论来解释结果而闻名。伊雷娜的结果并不符合迈特纳认为可能的理论,因此,迈特纳认为伊雷娜的实验在设计上出了纰漏。这一次,迈特纳请了自己带过的一个研究生复核伊雷娜的实验,试图搜索本应释放出来的 α 粒子,如果伊雷娜是对的话。他没能找到这种粒子。

迈特纳认为伊雷娜的结果有误的另一个原因,是伊雷娜和萨维奇说他们找到了一个短命的副产品,而它看上去像是钍的一种同位素。伊雷娜的团队在测量这种物质的活动性时,没有像迈特纳团队那样,首先将其做化学分离。伊雷娜的团队用他们的做法发现了迈特纳已经发现的同一个衰变模式,外加一种钍的同位素,对此,迈特纳的德国团队显然是疏忽了。

迈特纳和哈恩做过的所有关于超铀元素的实验中,没有一次曾经发现有这样一种副产品。多年研究这一课题却从未遇见这种神奇的同位素,这一点是迈特纳没有办法接受的。迈特纳让斯特拉斯曼着手搜寻钍,但他没有找到。迈特纳由于认定伊雷娜确实搞错了,也就没有进一步追究钍的这种同位素。

迈特纳非常自信地认为,她的团队的化学知识比伊雷娜的法国团队更深厚。迈特纳说,伊雷娜"依然靠着她从她那著名的母亲那里得到的一点化学知识,那点知识现在已经有点落伍了。"同样不能正视伊雷娜工作的哈恩,干脆讥讽地将伊雷娜找到的新物质叫作"好奇素"。

但迈特纳不愿意在出版物上让伊雷娜感到难堪,于是,1938 年 1 月 20 日,迈特纳和哈恩给伊雷娜写信,展示了他们自己实验的细节,指出伊雷娜"犯了一个大错"。他们说他们不愿意公开批评她,让她感到难堪,如果她能"公开收回"自己的发现。

在下一轮发表的论文中,伊雷娜提到了迈特纳的来信,收回了她关于发现了钍的一种同位素的说法，但她指出，她重复了这个实验，再次发现了这种物质，只不过这次她认为这可能是锕。

迈特纳被这场持续的争论搞得心力交瘁，她放弃了。斯特拉斯曼写道："[迈特纳]对这局面失去了兴趣。她可以正确地指出一个事实，即用慢中子从铀中轰出 α 粒子和质子是极其不可能的。"此外，迈特纳和她的团队从来没有在自己的实验里观察到任何 α 粒子。迈特纳决定继续自己的研究，不理会伊雷娜的研究，她认定对方搞错了。

几个月后，哈恩在罗马的第十届国际化学大会见到弗雷德里克。哈恩把对方拉到一边，说，"私下说，老朋友，我是看在你夫人是女性才没有允许自己公开批评她。但她就是错了，我要证明这一点。"

伊雷娜听到了哈恩的评论后，又做了一次实验，再次得到同样的结果，而她也再次发表出来。这一次，这篇论文不仅强调了新物质的存在，而且提到这种新物质看上去很像镧，而镧在元素周期表上的序号差不多比铀小一半。伊雷娜他们得出结论：这"不可能是其他东西，只能是一种超铀元素，而它具有跟其他已知超铀元素非常不同的[化学]性质，要对这一假说进行解释存在极大的难度"。

斯特拉斯曼建议迈特纳和哈恩认真对待伊雷娜的工作。哈恩于是重复了自己的实验，用伊雷娜的方法，这一次，跟伊雷娜一样，他也发现了那种不同寻常的同位素。

什么情况？

哈恩猜想他们是不是不知怎的造出了镭，这种元素的原子序数为88。为检验自己这一想法，哈恩和迈特纳设计了一个实验，用不带放射性的钡来帮助分离和测量具有放射性的镭。他们知道钡和镭总是一起从化学合成物中分离出来。

但在开始做这个实验以前，迈特纳必须逃离纳粹德国。

第十章

逃离希特勒统治下的德国

莉泽·迈特纳最想要的就是可以继续从事超铀研究而不受干扰。她尽量不顾政治而专注于自己的科研工作,但在20世纪30年代希特勒统治下的德国,她无法逃避政治。

麻烦始于1933年1月30日,阿道夫·希特勒宣誓就任德国新总理。第一次世界大战结束后,德国由魏玛共和国政府统治,这个自由化政府主张增加个人的权利与自由,但德国在1929年全球经济大萧条时遭到重创。面对经济危机和不安,许多德国人选择支持希特勒的国家社会主义党,即纳粹党。纳粹党认为所谓的雅利安人(日耳曼人以及那些有着欧洲血统和西亚血统的人)属于一个应该主宰世界的优越民族。他们谴责非雅利安人,认为是他们,尤其是犹太人,造成了德国面临的问题。

1932年,希特勒当选总理,随即启动了他宣称的可以重建国家荣耀、夺回德国在世界应有地位的计划。

雅利安人种

希特勒刚一上台,就发起了一项针对所有"非雅利安人"的运动,对犹太人和犹太后裔给予特别关注。按照希特勒的规定,只要祖父母、外祖父母有一个是犹太人,那么,这个人就被视为犹太人。在迈特纳这边,其4位祖辈都是犹太人,因此按照纳粹的法律,她也是犹太人,尽管她刚来到柏林没多久还是个小姑娘时就已经转信基督教。

希特勒成为总理没几个月就签发了《重设公职人员法》(*Law for the Restoration of the Professional Civil Service*),禁止非雅利安人为国家工作,包括在公立大学任职。起先,迈特纳没有在意。她是奥地利公民,不是德国人,她以为自己这层外国人身份可以保护她。第一次世界大战结束后这些年,德国经历了多次社会和政治运动,所以她可能以为希特勒的政策也是一样,很快就会成为过眼云烟。她继续专注于自己在研究所的研究以及在柏林大学的教学,没怎么在意希特勒或他的政治行动。

但是接下来几个月,希特勒及其纳粹领导层步步紧逼。犹太知识分子和科学家被迫辞去自己的工作。迈特纳没有办法回避这一事实,因为纳粹官员要求弗里茨·哈伯辞去威廉皇帝研究所物理化学主管的职务,因为他是德国犹太人。在1933年4月30日的辞职信里,哈伯写道:

> 根据1933年4月1日通过的法律,我作为犹太父母和祖父母的后人……此刻我提出我的辞呈,怀着与我为祖国服务终生同样的自豪感……过去40余年来,我挑选同事的依据在于他们的智慧和人品,而非他们的祖父母,未来我也不愿改变这一做法,实践证明这是个好做法。

新来的主管,格哈特·扬德尔(Gerhart Jander)没什么研究经验,但他是一名忠实的纳粹党人,因此得到了这个职位。

在实验室里,迈特纳和同事们谈到过哈伯的辞职信。马克斯·普朗克作为威廉皇帝研究所所长对于如何应对这一局面感到非常为难。他并不认同这个法律,但他是一名忠实的德国人,信任自己的政府。事后,迈特纳说,"普朗克当时真的非常沮丧,他说,'但我又能怎么做?

这是法律啊。'而当我说,'但这样没有道理的事情怎么可以变成法律?'他看上去好像松了一口气。"跟普朗克相仿,在希特勒执政初期,许多德国人都在纠结如何应对他们并不认同的法令。

迈特纳敦促普朗克出面为哈伯做点什么,试图保住哈伯的职位。普朗克作为威廉皇帝学会主席,设法安排了与希特勒见面讨论这一事情。多年以后,普朗克回忆了这次尴尬的会见,写在题为"我与希特勒的会面"(My Meeting with Hitler)的一文中。其中提到,"希特勒就是这样回答我的:'我并不反感犹太人。但犹太人都是共产党人,那是我的敌人。我这辈子都会反对他们'。"

普朗克争辩说,许多无可指摘的"老一辈"德国传奇人物事实上都是犹太人。希特勒勃然大怒,尖叫起来:"那是不对的。犹太人就是犹太人。所有犹太人都是一伙的。只要有一个犹太人,那里就一定还有他们族群的人。"面对希特勒的咆哮,普朗克目瞪口呆,一句话也说不出来。

普朗克抓住机会赶紧告辞出来,他对生活在德国的犹太人的困境感到前所未有的担忧。普朗克再也没有将希特勒视为一位理智的领导人,也再没有为威廉皇帝研究所其他成员说过话。相反,普朗克选择沉默,尽量低调,直到战争结束后若干年他的生命终结为止。

迈特纳也许考虑过离开德国,但她已经在这里建立了自己的生活:她的工作和她的朋友都在柏林,而且,至少在那个时候,看上去她还是安全的。普朗克鼓励她尽量留在研究所更长时间,解释说她的工作是有保障的,因为关于德国公职人员的法律并不适用于她,她是奥地利公民。许多犹太人科学家和具有部分犹太血统的科学家已经陆续离开德国,但还有一些人选择留下,希望政治局势很快就能恢复正常。

但事与愿违,局势进一步恶化。1933 年夏天,迈特纳回维也纳看望家人。这时候,她收到德国教育部发来的一份问卷,问及她的祖父母和外祖父母的人种。迈特纳并不认为自己是犹太人;她认为自己是具有犹太血统的新教徒。毕竟她从来没有信奉犹太教。迈特纳诚实地填写问卷,承认她的祖父母和外祖父母都是犹太人。她依然认为自己的奥地利国籍可以保住她的职位。

1933 年 9 月 6 日,坏消息传来了。迈特纳收到来自普鲁士邦教育部长的通知,直接关系到她填写的问卷。通知写道:"立即生效! 基于重设公职人员法第三段的有关内容,免去你柏林大学教授之职。"

迈特纳深感震惊,并且非常困惑。这看上去毫无道理:她的(外)祖父母是不是犹太人跟她的工作到底有什么关系? 当时,她在柏林大学任教已经超过 15 年,而且她是奥地利公民,一贯守法,避免跟纳粹党人有任何争执。

这个时候,迈特纳在研究所的工作仍在继续,但她再也不能参加大学的任何活动,包括每星期三举行的讲座。她再不能发表论文,不能出席研讨会,也不能教课。当哈恩在研究所外面做讲座介绍他和迈特纳合作的工作,他不能提到她的名字。只要她继续留在德国,那么,她的专业名声就要被完全抹去。但即便迈特纳考虑离开德国,她也不知道可以去哪儿。

"犹太物理学"

随着时间推移,德国政府的压制越来越严重。1935 年 9 月 15 日,纽伦堡法案被通过,这个法案剥夺了犹太人的德国公民权。

德国政府宣称"德国物理学"比"犹太物理学"更加优越,下令禁止讨论一切由犹太人或犹太后裔科学家研究的题目。这一禁令让星期三研讨会变得如此枯燥乏味,以至于迈特纳的一位助理,后来获得诺贝尔奖的分子生物学家马克斯・德尔布吕克(Max Delbrück)开始在他母亲家组织私人聚会,这样他们就能继续畅所欲言讨论物理学和生物学,而无需担心政治或谁可能会听到。

迈特纳在自己的大学教职被撤销之后依然留在德国,她以为自己"太重要了,没有人会惹恼她"。等到局势变得明朗,她也一样受到纳粹的种族歧视对待,她还是没有走,她觉得她身边的人都支持她。她和她在研究所里的同事们“都有一种强烈的休戚与共感,这种情感建立在互信的基础之上,使他们的研究工作即使在1933年以后依然可以相对不受干扰地继续进行,尽管同事们的政治观点并不完全一致……这在当时的政治局势下是非常难能可贵的”。1935年,瑞典的一位物理学家朋友,尼尔斯·玻尔,为迈特纳安排了一份洛克菲勒基金会的资助,可以让迈特纳离开德国而在哥本哈根工作一年,但普朗克希望迈特纳拒绝这一邀请而继续留在德国,因为他高度重视她对他实验室的贡献。迈特纳照办了。

然而,迈特纳在德国留得越久,她就越难在其他国家找到工作。别的不说,突然有那么多科学家离开德国在国外找到了工作,余下的职位就越来越少。雪上加霜的是,纳粹官员现在也开始施压,要求研究所辞退迈特纳。哈恩左右为难,他担心自己会失去工作,不能再担任自己实验室的主管。

迈特纳认为哈恩应该对纳粹主义采取反对的立场,但他非常谨慎,不肯谈论此事。他不想拿自己的专业地位冒险,他也不认为自己一个人发声可以造成什么影响。“只要我们[犹太人]有不眠之夜,而你们却没有,德国就好不到哪里去,”迈特纳常常这样跟他说。

迈特纳多少还是理解哈恩的,因为她自己也是尽量回避政治局势的现实直到没有退路为止。“希特勒当政那些年……自然是令人感到非常压抑的,”迈特纳多年以后这样写道,“但工作是那么好的一个朋友,我经常这样想,也常常这样说出来,真是太棒了。通过埋头工作依然可以让人长时间地将压迫人的政治局势抛在脑后。”等到迈特纳得知纳粹统治之下发生的残酷暴行,包括600万犹太人之死,她说,“我当时没有马上离开,现在看来真是不仅愚蠢而且大错特错。”

从奥地利基督徒变成德国犹太人

1938年3月12日,德国侵入奥地利。一夜之间,迈特纳就失去了自己作为奥地利公民的法定身份,因为她的祖国再也不是一个主权国家。她前一天晚上就寝的时候还是奥地利基督徒,第二天早上醒来就变成了德国犹太人,被剥夺了一切公民权。

迈特纳进退维谷;她在纳粹德国逗留太久了。每天,她设法保持低调,继续原来在研究所的工作。她回避已经加入纳粹党、支持希特勒的同事。当时在研究所顶楼管理着一个小小的客座研究员部门的库尔特·赫斯(Kurt Hess),是一个彻底的纳粹党徒,对支持迈特纳以及同情迈特纳处境的人进行各种骚扰。他经常说:"犹太人让这个研究所处于危险境地……她非走不可。"

哈恩和威廉皇帝学会的其他主管就如何处置迈特纳有过争论。最终,她的问题被提交到帝国研究委员会,哈恩被迫决定是否要让她留下。"我惊慌失措,"多年以后他这样说。他没有为迈特纳进行辩护,相反,他开始探讨她可以怎样从研究所辞职。

在[与研究所财务主管的]一次谈话中,我提到了莉泽·迈特纳以及奥地利被兼并而造成的新的尴尬局面。[他]提议让莉泽从现在的职位辞职,因为已经别无选择;也许她愿意考虑以非正式方式继续工作。现在我已经无法回想起具体建议的细节。遗憾的是,我将这次对话告诉了莉泽。莉泽非常恼火,对我非常生气,因为我让她失望了。

相比之下,迈特纳在她当时的日记上来得更加直截了当。她写道,研究所财务主管要求她离开。"哈恩说我再也不可以到研究所来"。第二天,她来到实验室想要记录一次中子放射性实验的结果,但哈恩让她回家。"他其实就是把我赶了出来。"她写道。

哈恩对自己的立场进行了辩解。"我一直记得,当时的情况是莉泽必须[永久]放弃自己的职位,她必须看到的是,她让研究所处于危险境地。"哈恩说。但迈特纳不认为自己意味着威胁;她感到受伤和被冒犯,因为哈恩把研究所和他自己的工作置于对她个人命运的考虑之上。几天后,财务主管收回成命,允许迈特纳回到实验室,但迈特纳不会忘记,在自己最需要帮助的时候,哈恩没有站在她这一边。

尽管哈恩没有保护迈特纳,但威廉皇帝学会主席作为迈特纳的热情粉丝,请求教育部准许她离开德国前往一个中立国家,比如瑞典、丹麦或瑞士。来自教育部的回应把他们大家都吓了一跳。部长写道:

我们认为,让知名犹太人离开德国,在其他国家基于他们认为自己代表德国科学的想法做不符合德国利益的事,并不符合当下需求……威廉皇帝学会应当可以找到合适的方式,让迈特纳教授退休以后继续留在德国。

迈特纳收到这一信件不久,就听她的朋友马克斯·冯·劳厄说,秘密警察首脑办公室即将发布新的法令,禁止所有大学毕业生离开德国,不管是不是犹太人都一样。只要迈特纳留在柏林,她早晚都会被捕。如果她想离开德国,就必须现在马上动身。

逃 亡

为避免落得被捕的结局,迈特纳离开了自己的公寓,搬进阿德隆酒店,她以为这样就能安全一点,至少当时是这样。随着局势变得严峻,在德国以外的朋友和同行纷纷伸出援手,愿意帮助迈特纳离开德国。瑞士、荷兰、丹麦的同行邀请她前往开办讲座,出席研讨会或做其他事情,总之就是希望提供一个正式的理由,让她可以离开德国。

尼尔斯·玻尔给迈特纳写了一封字斟句酌的信,里面提到:

本地物理学会和化学联合会委托我征求你的意见,希望可以在不久的将来,在你的指导下为你举办一次研讨会,主题是你在人工诱导新放射性元素家族的领域取得丰硕成果的研究工作,这将使他们的会员深感荣幸。至于具体时间，我们完全可以看你的方便……

这封信实际上给了迈特纳充分的灵活性，可以按照自己的需求安排出门的时间和日期。

5月初，迈特纳接受玻尔的邀请，准备前往他位于哥本哈根的研究所工作。玻尔一家是她的亲密好友，同时，她最喜欢的外甥奥托·罗伯特·弗里施刚好也在那儿工作。但她的计划戛然而止，因为她要申请旅行签证时却发现自己的奥地利护照已经失效，她没办法获得必要的旅行文件。

迈特纳当时并不知道，玻尔已向荷兰的两位物理学家阿德里安·福克(Adriaan Fokker)和迪尔克·科斯特(Dirk Coster)求援。他们马上着手筹集资金，让迈特纳也能在荷兰得到一个教职。一场世界性的经济危机导致筹集资金变得很困难，但人们还是开始为迈特纳逃亡荷兰做准备。

在荷兰团队进行准备的同时，另一个逃亡计划也在制定。瑞典物理学家曼内·西格巴恩(Manne Siegbahn)正在斯德哥尔摩大学附近建立一个新的物理学研究所，他曾于20世纪20年代早期与迈特纳共事。他同意为迈特纳在自己的新研究所留一个职位。他迫不及待想让迈特纳得知这一安排，而政府审查员要检查进入瑞典的全部信件。为了将这一计划告知迈特纳，6月，西格巴恩派了一位信使前往柏林，与迈特纳直接见面。

日子一天一天过去，德国的情况变得越来越危险。在荷兰，迪尔克·科斯特认为迈特纳必须马上离开德国，哪怕她还没有得到一个新的职位。科斯特的身体很不好，他还是4个孩子的父亲，但他仍愿意冒险，从1933年开始就陆续帮助一些德国犹太难民。1938年6月27日，科斯特写信给福克，告知对方，考虑到情况十万火急，他不会继续坐等荷兰政府批复必要的文件，相反，他打算前往德国，他的计划是要把迈特纳带回荷兰。

科斯特马上打电报给威廉皇帝学会物理学分会的新主管彼得·德拜(Peter Debye),按照预先约定的暗号说,他将前往柏林面试一位"助理"——指的是迈特纳,他打算向对方"提供一个一年期的职位"。

遗憾的是,荷兰团队并不知晓瑞典这边也在进行一个相似的逃亡计划。就在科斯特抵达柏林这天,西格巴恩也派了瑞典科学院的一位成员前往柏林,邀请迈特纳前往斯德哥尔摩接受一个有薪职位。结果,当德拜告诉迈特纳荷兰的邀请时,迈特纳恰好刚刚听说了瑞典的建议。迈特纳不知应该怎么办才好,但她最终决定接受瑞典方面的邀请,因为她先跟他们说定了。此外,核物理学在瑞典刚起步,她认为自己有机会在瑞典做更多有用的工作。那时,迈特纳对荷兰朋友们经历的千难万险毫不知情,当然,她对自己面临迫在眉睫的危险也一无所知。

6月30日,情况又变了。她听说,她在瑞典的职位尚未落实,她的签证也还没得到批复。简单说就是她还不能动身前往瑞典。

迈特纳不知道该怎么办,于是她继续自己在研究所的工作。她在实验室里长时间地工作,与哈恩和斯特拉斯曼讨论他们的超铀结果。就在这时候,德拜再次联系科斯特,问他是否仍然需要一位"助理"。他提到迈特纳的时候特意使人以为那是一位男士:"我们提过的那位助理,似乎已经下定决心,又一次跑来找我……他现在已经拿定主意(就是这几天的事)要去格罗宁根,实际上这对他而言也是唯一可行的路径……"

而在荷兰,科斯特马上意识到情况万分危急。他发了一份电报:"7月9日星期六我将前来拜访这位助理;如果他符合我的要求,我将带他回国。"他把电报发给了福克,福克随即跟海牙取得联系,那是荷兰司法部所在地,12天前该部已经收到请求准许迈特纳入境的文件。

当时正是星期六,司法部没有开门。福克转而前往荷兰边境巡逻队办公室,与主管见面,这位主管答应下星期一一定给他回复。接下来的星期日,科斯特一直在等有关部门的回复。为了确保迈特纳即使只有奥地利护照也能过边境,科斯特去了一趟荷兰边境城镇尼尔维斯琴斯,亲自拜访了当地的移民官员。(他的安排是,让迈特纳一路来到相对较小的检查站过边境,因为那儿的保安措施没有那么严格。)科斯特给他们看了迈特纳的正式入境许可(由海牙发出),请求他们通过"友好的劝说"让德国边境守卫放她过来。

7月11日,星期一早上,福克的电话响了。司法部已经对迈特纳发出有条件的入境许可,书面确认函也已经送达。科斯特当晚就动身坐火车前往柏林。车厢里到处可见纳粹士兵的身影,随着火车驶近边境,乘客的护照被反复检查。科斯特留意到窗外的风景已经大不相同:火车所到之处,在每一个小镇,都能看到带着纳粹标志的旗帜飘扬在中世纪的建筑上。

在柏林,迈特纳依然对这一计划一无所知。她以为她在等的是可以动身前往斯德哥尔摩的许可。1938年7月12日,一个闷热潮湿的星期二,她一早来到化学所。哈恩将她叫进了自己的办公室,告诉她,他们已经做好安排,让她第二天出发前往荷兰。

迈特纳目瞪口呆,同意当天如常继续工作,然后回到酒店住处简单收拾行李,看上去就像是出门做短期的避暑旅行。她没有机会说再见,哪怕是对已经认识超过30年的朋友和同事也不行。她不能带走任何笔记本或科学论文或实验室任何一件仪器。一切看上去必须像是她只不过要出门度一次短假而已。她的钱包里只有10马克。

迈特纳在德国度过的最后一个夜晚,她在研究所工作到晚上8点,主要是为她一名学生即将发表的一篇论文做审校。之后,她回到自己的住处,收拾了两只小箱子,便去了哈恩家,在他们家过夜。她没有与酒店结账,但哈恩知道她在酒店并不安全,如果当局知晓她的逃跑计划的话。

第二天早上,7月13日星期三,迈特纳必须跟自己长期的朋友和合作伙伴哈恩告别。在两个人即将分别时,哈恩送了迈特纳一枚钻石戒指,那是哈恩母亲的戒指。迈特纳可用它作"特别紧急用途"。换句话说,如果情况需要,她要用它收买边境守卫。

迈特纳上车前往火车站。路上,她突然失控,只见她惊慌失措,请求开车的物理学家朋友保罗·罗斯鲍德(Paul Rosbaud)掉头回去。但罗斯鲍德没有照办,而是设法安抚她,让她认识到这是自己可以转危为安的唯一途径。待迈特纳冷静下来,罗斯鲍德就带她进了火车站,那儿到处都是纳粹士兵和秘密警察。迈特纳独自上了火车;科斯特作为她的同行旅伴,刻意等迈特纳上了车再上来,并远远地跟着她。他们分开旅行比较安全一些,怕的是他们两人可能有一个会遭到扣押。

在开往荷兰边境的7小时旅程中,迈特纳体会到了彻骨的恐惧。尽管科斯特已经提前跟边境守卫说好了要让她入境荷兰,但她依然有可能被扣押在德国这一边。她知道这种危险:不止一次,许多人因为试图逃离德国而被逮捕和遣返。

沿途每一次停站,德国警察都要检查身份文件。好几个乘客被捕,随即被押下车。一名纳粹武装巡逻队军官查看迈特纳的旅行文件足足有10分钟,迈特纳坐在座位上一动也不敢动,心里怕得要命。她实际上并没有一本有效的护照,也没有一份入境签证。但不管怎样,终于等到那位荷兰边境守卫从这德国军官身后朝她看过来,然后放行了她。

她就这样有惊无险地跨过了边境。

一进入荷兰境内,她就觉得放松了一些。火车还要继续向前行驶几个小时才能抵达格罗宁根,她会在这儿下车。筋疲力尽而又彻底松了一口气之后,迈特纳和科斯特终于可以在这个小火车站会合。科斯特拿起她的行李,带她上了自己的车。

迈特纳的处境比她想象的还要危险:库尔特·赫斯,研究所里那个忠实的纳粹党徒,发现了她的逃亡计划,马上通知了政府当局。如果她的出行计划再耽搁几个小时,她很可能就被逮捕了。

9年后,迈特纳在一次采访里被问到逃亡一事。她说:

我上了火车去荷兰,假装是要去度一个星期的假。到了荷兰边界,我经历了这辈子最恐惧的时刻:一队由5名士兵组成的纳粹武装巡逻队在车厢里一路检查过来,然后拿起了我的奥地利护照,这护照早就失效了。我简直吓坏了,我的心脏几乎停止跳动。我知道纳粹刚刚宣布要对犹太人采取措施,搜捕已经开始。有那么10分钟时间我就坐在那里等着,那10分钟就像好几个小时那么长。然后,其中一名纳粹军官转身把我的护照还给了我,一个字也没说。两分钟后,我就进入了荷兰境内,我的荷兰同事在那里迎接我。

迈特纳入境荷兰第二天,科斯特给哈恩发了一份电报,依然是用预先约定的暗语。他说"婴儿"已经安然落地。

哈恩马上回电:"我要祝贺你。你打算为这宝贝女儿取什么名字?"

随着救援行动圆满结束,科斯特从国际科学界收到了潮水般的祝贺。物理学家沃尔夫冈·泡利从瑞士发电报说:"成功带走莉泽·迈特纳就跟你发现铪元素一样让你闻名于世!"

等迈特纳安全住下来,科斯特就给他们的朋友们发了消息。迈特纳没有想过自己会置身这样一个局面,但她对所有曾经帮助她安全逃离德国的朋友心怀感激。只是,当时的她并不知道自己的前路会是怎样,毕竟她都快60岁了,还不得不从头开始安排自己的生活。她压根就想象不到,原来,她这一生当中最了不起的科学发现还没来到。

第十一章

“我找到了!”:裂变的发现

虽然迈特纳已不再受纳粹德国的威胁,但她仍感到开始新生活并不容易。她先在荷兰的格罗宁根申请难民资格,但过了几个星期又到了瑞典,开始在曼内・西格巴恩位于斯德哥尔摩的研究所工作。事后回头再看,迈特纳选择离开荷兰是非常明智的,因为不到两年时间,荷兰就被纳粹吞并,就像奥地利一样。

迈特纳不仅想家,而且想到心痛。她缅怀与老朋友、老同事共处的好时光,想念自己的公寓以及里面的各种宝贝,那是她熟悉的世界。在瑞典漫长的北方严冬,迈特纳觉得白天太短而夜晚太长,走在街上自己好像一个与周围格格不入的陌生人,她对这个国家的语言和传统都感到很不习惯。天气越来越冷,她只带了夏天的衣服离开德国。她在柏林的银行账户已经被冻结,不得不依赖其他朋友维持生活。最让她感到痛苦的是,她想念她热爱的工作:在德国,她是自己所在部门的主管,现在到了斯德哥尔摩,她不得不在别人的实验室里当研究员。

迈特纳一到瑞典就跟哈恩联系,以正式结束与研究所的关系以及要求得到在那里勤恳工作 30 年以后应得的退休金。1938 年 8 月 24 日,她写信给哈恩:

我非常清楚，每时每刻我都怀着感激和渴望回想我们的友谊、我们合作的研究以及研究所。但我不再属于那里，而当我反思过去这几个月发生的事情，我觉得，我的退休应该也符合各位同仁的愿望。没有必要就此事多说什么：事实就是事实，没有人可以无视……我在内心深处也会怀疑，我刚刚在这里写下的以上词句是不是真的，但偏偏它们就是真实的。

“我这辈子最棒、最美好的部分”

在威廉皇帝研究所，有两位前同事是纳粹党徒，他们现在想要争夺迈特纳离开以后留下的职位。哈恩在写给迈特纳的信里提到，其中一位怀疑迈特纳是不是疯了，居然要离开德国。迈特纳怒不可遏。她回信给哈恩说：

如果[那位前同事]问我是不是疯了，那是因为他觉得我抛下了自己的责任……他们一定认为我忘记了自己的责任，如果你还没有明确无误地告诉他们，我根本就没可能留下来……我的前途已被摧毁，难道还要连我的过去也一并剥夺吗？……我没有做错任何事情，为什么我会突然被处于非人待遇，甚至更糟，有人恨不得活埋了我。

迈特纳的回复以及从中透露的她对德国最近所发生事件的无知，让哈恩大感震惊。哈恩的夫人刚刚发生一次精神崩溃，正在一所疗养院住院治疗，哈恩 16 岁的儿子也被迫加入希特勒青年团。他回信给迈特纳：“你当真认为，我们把你看作开小差的逃兵？……相信我，在一个全新的陌生环境确实不容易振作精神。但你可能也对我们当下遭遇的好运气过于乐观了。”

迈特纳依然担心自己的前同事对自己失去信心。她写信给哈恩说：

我认为我们合作的研究是我这辈子最棒、最美好的部分，只要想到这些人可能认为我丢下它们临阵脱逃，我就会感到非常难过……不要怨恨或生气，我们要的是互相帮助，而不是让彼此的情况变得更糟。

在瑞典，迈特纳开始在由诺贝尔资助的西格巴恩的物理学研究所工作，但她并不觉得人们欢迎她的加入。她的瑞典语还在起步阶段，她的许多同事几乎并不有意放慢语速或邀她加入谈话。她想继续自己的超铀元素研究，但她得不到继续这一研究必不可少的设备和资助。她的工资很低，跟刚刚开始工作不久的初级研究助理差不多。1939 年 9 月 25 日，倍感沮丧和孤单的迈特纳再次写信给哈恩：

也许你没有办法百分百了解，你一直认为我不公道且心怀怨恨，这一点给我带来了多大的痛苦。况且你还总是和其他人这么说。只要你认真想想，就不难发现，我没有一件属于自己的实验设备，这对我意味着什么。没有其他事情能让我更难过。但我其实不是心怀怨恨，而是我看不到自己的人生还有什么真实的意义，我非常孤单……工作是遥不可及的。没有任何仪器可以用来做实验，在这整座建筑里只有 4 名非常年轻的物理学家和非常官僚的工作规则。

随着时间流逝，情况没有多少改善。那年秋天，当迈特纳听说哈恩要拜访尼尔斯·玻尔，她坐了 8 个小时的火车抵达哥本哈根与他会面，讨论他们的超铀元素研究。哈恩的行程很紧，他的夫人在德国依然处于再次发生精神崩溃的边缘，但他非常需要听取迈特纳对他和斯特拉斯曼的工作有什么看法。在一场热泪盈眶的重逢之后，迈特纳分析了他发现的情况，鼓励他回去重复其中几个实验。

哈恩能在那个时候离开德国是很幸运的。前一天晚上，1938 年 11 月 9 日，希特勒的纳粹党在一场充满暴力和恶意的无节制行动中摧毁了成千上万人的正常生活，史称“水晶之夜”（或“碎玻璃之夜”）。那天晚上,希特勒的秘密警察捣毁了犹太人的家和办公室,成千上万人遭到围困、逮捕并被送往集中营。

3 天后,纳粹党剥夺了在德国的全体犹太人的工作和社交权利。从 11 月 15 日开始,犹太儿童被禁止上学,犹太人被要求在衣袖上佩戴一个黄星标志。所有犹太人都要改名,必须加上"萨拉"或"以色列",以标记他们是犹太人。依照法律,迈特纳的律师将她在法律文件上的名字从莉泽·迈特纳改为莉泽·萨拉·迈特纳。

迈特纳非常担心留在现在被德国控制的维也纳的家人。她的姐夫贾斯汀尼安·尤茨·弗里施(Justinian Jutz Frisch)是维也纳一位著名的律师,这时已被逮捕并送往位于德国达豪的集中营。迈特纳为他的夫人、自己的姐姐奥古斯特做了安排,让她可以到瑞典与自己住在一起,在瑞典总是安全一些。(几个月后,尤茨从达豪获释,顺利前往瑞典与迈特纳和奥古斯特重逢。)

到了这年年底,迈特纳变得更加沮丧:1938 年 12 月 5 日,在写给哈恩的一封信里,她抱怨道:"我常常觉得自己就像一个上足发条的提线木偶,做着某些事情,带着友好的笑容,实质上却没有真实的生命。"

秘密搭档

尽管德国国内局势越来越紧张,但哈恩和迈特纳依然可以继续通信,就他们的研究进行合作。即便迈特纳不能亲身出现在实验室,哈恩也不能公开提到她的名字,但迈特纳可以继续影响哈恩的工作:她设计了关于超铀元素的实验,由哈恩和斯特拉斯曼负责执行,他们用的也是迈特纳制造但没有办法带走的实验设备。

斯特拉斯曼是一个害羞而又富有天赋的化学家,他不支持希特勒,拒绝参加任何一个纳粹组织。哈恩固然是看重他的学识才请他在实验室任职,要是凭其政见斯特拉斯曼在任何其他地方都不可能找到工作。事实上,他和他的妻子,还有一个小孩,秘密在自己的公寓藏匿了一个犹太人,尽管这么做一旦被发现就有可能让他自己一家人付出惨痛代价。斯特拉斯曼很能理解迈特纳的苦恼,对她怀有同事式的尊重。

哈恩没有跟研究所提起他见过迈特纳,就是跟斯特拉斯曼也没有说。不过,斯特拉斯曼依然认为迈特纳是他们这个研究小组的知识领头人,哪怕她现在住在遥远异国也一样。“物理学上一切非常艰深的问题和计算,哈恩都会与迈特纳讨论,”斯特拉斯曼的一个朋友金特·赫尔曼(Günter Herrmann)说,“莉泽·迈特纳在这 4 年的指导作用是显而易见的。”

圣诞假期

圣诞节就要来了,但迈特纳对自己的处境依然感到恐惧和沮丧。出于帮助迈特纳振作精神的考虑,伊娃·冯·巴尔-伯吉斯(Eva von Bahr-Bergius)邀请自己这位好朋友到孔艾尔夫一起过节,那是位于瑞典海岸的一个奇妙的小村庄。她还请来了迈特纳的外甥奥托·罗伯特·弗里施,他从哥本哈根过来。

就在迈特纳准备出门度假前夕,她收到了来自哈恩的一封信。迈特纳与哈恩差不多每隔一天就要通信一次,当时来往柏林和斯德哥尔摩的信件是隔天送达的。1938 年 12 月 19 日晚上,哈恩给迈特纳写信提到他与斯特拉斯曼刚刚在 3 天前完成的涉及超铀元素的一系列实验:

现在基本上已经过了深夜 11 点。斯特拉斯曼会在 11 点 45 分回来,然后我就可以下班回家了。关键是,关于“镭同位素”的一个情况实在是太奇怪了,我们不想告诉任何人,你是例外。这三种同位素的半衰期都得到相当准确的确定;它们可以从除了钡之外的其他元素中分离出来:所有过程都是正确的,就一个例外——除非发生了什么特别诡异的意外情况,否则在这个例外里是不会出现分裂现象的。我们的镭他接着写道：

也许你能提出某种了不起的解释。我们明白这**不可能**分裂变成钡……那就设法想出来其他某种可能性。钡的同位素，但原子量又大于137？如果你能想出可以发表的想法，那我们仨就真的又在这项目里合作了。我们不认为这是愚蠢的，或者是污染在捉弄我们。

迈特纳在斯德哥尔摩收到哈恩在星期一晚上发出的信件，已经是12月21日星期三晚上。她觉得这消息简直难以置信。如果他们是对的，这就意味着铀原子核一定发生了分裂。她马上回信说：

你的镭实验结果实在令人惊叹。用慢中子进行的过程居然产生出钡！……此刻在我看来假设发生了这样彻底的一场爆发是难以让人接受的，但我们已经在核物理学中有过那么多震惊时刻，人们也不能毫不犹豫地说，“这是不可能的。”

迈特纳没法忘记哈恩的来信，但她继续按照计划于星期五动身前往孔艾尔夫。她告诉哈恩，下一次写信要寄到这里来，但他未能及时得知这一消息。

哈恩和斯特拉斯曼完成了自己的实验，确认他们从钡的衰变得到镧。他再次给迈特纳写信，请她设法提出一个理论，可能用于解释他这些实验为什么得到出人意料且史无前例的结果。但是，哈恩没有等迈特纳回信就感受到压力，觉得一定要尽快发表这一结果。1938年12月22日，他把自己的文章投给了德国学术期刊《自然科学》(*Naturwissenschaften*)。同时，哈恩给迈特纳寄去了这篇文章的一份复印件。文章中并没有提及迈特纳的贡献，从政治上也不可能将她列为合作者，否则就等于公开承认哈恩还在跟迈特纳秘密合作。文章预定在1939年1月6日发表。

哈恩匆忙要发表文章是因为他担心别人，比如约里奥-居里夫妇，可能很快作出同样的发现，他可不想给他们机会首先发表这一结果。他想抢先发布自己的实验结果，哪怕他还不能拿出一个像样的理论来解释这一结果。换句话说，他可以说明在他的实验里发生了**什么**，但还不能解释**为什么**会发生这些情况。

哈恩给迈特纳写信说：

> 我们不可能搞错实验结果，尽管现在从物理学角度看确实非常离奇。你可以看出来，如果你能找到一个可行的[解释]，你就功德无量了。等我们明天或后天完成工作，我会寄给你一份手稿……这整件事情不是特别适合《自然科学》。但他们愿意尽快发表。

哈恩给迈特纳寄去了这封信，却用了错误的地址，结果，她没有及时收到这封信，直到她结束度假回来才看到。

哈恩的文章戛然止步于给出一个清晰的结论。在这篇文章里，他和斯特拉斯曼猜测铀可能形成钡和其他较轻的元素，但不能给出一个假设，解释为什么会发生这种情况。文章的关键段落是这样写的：

> 从这些实验来看，我们，作为化学家，必须重新命名出现在以上过程中的元素，与其说是镭、锕和钍，不如说是钡、镧和铈。同时，作为"核化学家"，跟物理学家多少有点关系，我们还不能确定是否真的迈出了这么一大步，这跟核物理学的所有已知经验是矛盾的。依然存在这种可能，即我们是被某种不同寻常的一系列意外情况误导了。

哈恩是在暗示较重的铀元素被分裂为较轻的元素。如此重要的一个结果以这样间接而不确定的方式发表，这样的情况很少发生。许多读者怀疑,哈恩和斯特拉斯曼究竟有没有搞懂自己发现了什么。

树林里的一次漫步

圣诞节前两天,迈特纳抵达孔艾尔夫准备度假,在那里她见到了自己的外甥奥托·罗伯特·弗里施。第二天早上,平安夜,弗里施下了楼,给他姨母看自己做的计划:他要做一个巨大的磁铁,用于一个与中子的磁性行为有关的研究项目。迈特纳低头看了看,然后将谈话转回到哈恩关于超铀元素那封信上。

她把哈恩在 12 月 19 日寄出的信递给弗里施,要他一定看一看。他看了。"也许真的是彻底搞错了,"他说。

迈特纳摇了摇头。"哈恩作为化学家是错不了的,"她回答,"我肯定这结果是正确的。问题是这到底意味着什么? 怎么可能从一个铀原子核得出一个钡原子核?"

弗里施想到户外滑雪。因为迈特纳没有带滑雪板,她说她可以在他滑雪的时候在他身边走。

迈特纳一边走,一边解释:哈恩已经发现,由超铀元素产生的粒子毋庸置疑来自钡。她是原子核理论与结构方面的专家,这些源于超铀研究的结果让她感到大惑不解。

迈特纳考虑了以下事实:铀有 92 个质子,钡有 56 个。铀怎么可能一次失去 36 个质子? 也许一个中子可以轰下来一两个质子,但数目达到 36 个显然是不可能的。

迈特纳一直在向前走。有没有可能,铀原子核不知怎的一分为二了? 她和弗里施都知道,铀原子核由于受到撞击或打击而变成两半是不可能的。就在前一年,尼尔斯·玻尔提出了一个原子核模型,描述这不是硬而脆的固体,而更像是一滴液体。

就是这样! 灵光乍现的时刻,迈特纳突然等到了洞悉真相的瞬间。

弗里施记得迈特纳解开谜团的瞬间,他说迈特纳猜测:

也许一个液滴可以在一个较为渐进的过程中将自己分裂为两个较小的液滴；首先是拉长自己，然后收缩，最后，被撕成而不是被碎成两个。我们知道，存在强大的力量要阻止这一过程，就好像一个普通液滴的表面张力要阻止液滴不要变成两个较小的液滴一样。

首先，他们认为表面张力可以确保原子核“滴”保持完整，然后，他们设想，92 个带正电的质子互相排斥，使铀原子核变得电荷不稳定，表面张力随之减弱。这一理论同样解释了为什么在元素周期表上重于铀的稳定元素并不存在于自然界：当原子核变得更重，它就没有办法保持完整而不分裂。

迈特纳停住了脚步，弗里施也停住了滑雪板。弗里施开始解下自己的滑雪板，迈特纳将一根木头上的积雪清扫干净，两人坐下来。迈特纳从大衣的口袋里拿出一张纸和一支铅笔，开始进行计算。弗里施回忆道：

我们发现，一个铀原子核的电荷，确实是大到差不多可以完全克服表面张力的地步；因此铀原子核可能是一个颤颤巍巍的不稳定液滴，随时可能由于受到极小的触动，比如一个中子的冲击，就发生分裂。

迈特纳通过计算得知，如果一个原子核一分为二，那么分裂出来的这两个原子核的合计重量，比原来原子核减少大约相当于五分之一个质子的质量。然后她代入了爱因斯坦的著名公式——$E = mc^2$——能量等于质量与光速平方的乘积，发现五分之一个质子的质量约等于 2 亿电子伏特能量。如果规模变得更大一些，1 磅（约 0.45 千克）铀包含的能量就跟 4×10^7 磅（约 1.8×10^7 千克）TNT 的能量相当。弗里施这样描述他们取得的成就：“这是所有那种能量的来源；一切都那么合情合理！”这是第一次，在一个实验里释放的能量超过了投入的能量。

所有数字都吻合，谜团终于揭晓。铀原子核就像一个巨大的液滴。

只要再加一个中子的压力，这液滴，即原子核，就会一分为二。这液滴可能变成不同的两种元素的组合：钡(56 个质子)和氪(36 个质子)，铷(37 个质子)和铯(55 个质子)，或任何一对质子总数为 92 的中等大小的原子。这同样解释了，为什么迈特纳的团队与约里奥-居里团队会在各自的研究中发现那么多不同的原子核。

迈特纳和约里奥-居里夫妇曾经的工作都是对的，也都是错的。没有一个团队发现自己要找的超铀元素，但他们分别都找到了成对的元素，而它们的质子总数与铀相同。

全球最顶尖的几位物理学家怎么会对如此基本的事实看走了眼？首先，也是最重要的一点，迈特纳、约里奥-居里夫妇和其他物理学家在探索超铀元素的过程中没能更早发现裂变，是因为他们没往那个方向去思考。他们只想找更重的超铀元素，这就是他们以为自己找到的结果。那时候，研究人员以为，如果用中子轰击铀，铀只会稍有变化，每次得到或失去一两个质子。没有人考虑过，一个大质量的原子可能分裂成两个中等质量的原子。

在科学界，能分离出证据和解释这一证据是同等关键的两件事。哈恩发现了证据，但迈特纳才是找到解释的人。迈特纳知道，其他研究人员很快也会理解和接受原子核裂变这一想法。这理论解释了超铀研究为什么多年以来一直显得如此莫名其妙。跟其他具有突破性的想法一样，这一原创性的洞察力也是很难得到的，但只要想到并说出来，人人又可能会觉得，这是显而易见的。

第十二章

链式反应

临近 1938 年年底,莉泽·迈特纳非常谨慎地认为,裂变是奥托·哈恩实验结果的唯一可行解释。1939 年 1 月 1 日,她用给哈恩写信的方式迎接新年,信中写道:“[弗里施和我]对你的工作进行了非常彻底的研读,认为从能量角度上说这可能是行得通的,即一个重的原子核炸开了。”换句话说,她开始接受了铀原子一分为二这一现实。

迈特纳有过保留,因为一旦接受裂变的合理性,就意味着她和哈恩将不得不收回他们在这之前的发现,宣布他们对超铀元素的研究走错了方向。迈特纳没打算大事声张自己作出了一个改变历史的发现,反而非常担心,如果否定自己以前的工作,会不会导致她的声誉打折扣,在新的工作单位得不到尊重。说到底,这意味着差不多 4 年的工作一无所获。她在这封新年信件继续写道:“你的处境比我好多了,因为你和斯特拉斯曼亲手完成了这一发现,而我好几年的工作必须被否定,这对我这边一切从头开始的局面可不是件好事。”

从灵光乍现那一刻起,迈特纳不仅搞清楚了裂变如何在一个小规模上发生,还意识到可以利用源于最初分裂的能量去引发链式反应,由一个原子核的裂变引发下一个核裂变,一直延续下去,源于原子核分裂而释放的能量也会越来越多。如果能够产生一个可控的链式反应,那么,这一过程就可以用于制造一场具有史无前例的巨大威力的爆炸。迈特纳知道自己的发现具有深远的影响,尤其当世界濒于战争边缘之际更是如此。

结束度假回来以后,迈特纳和弗里施通了电话,开始为英国的学术杂志《自然》写一篇短文章。他们希望尽快与国际学术界分享自己这一发现,但他们并不知道,哈恩已经通知了一份德国学术期刊,并且他的文章会先行发表。

迈特纳还给哈恩写信说:

相信我,尽管我在这里还是两手空空,我却为这些了不起的发现感到难以言说的快乐……人们肯定会说这三个人什么也没做出来,还好现在有一个走掉了,另外两个就做成了……我正在渐渐失去自己的勇气……原谅我会写这样郁郁不乐的一封信。我之前从没写过情况到底有多糟。有时候我都开始怀疑我还能做些什么。很可能许多像我一样移民出来的人都有这感觉,但这感觉真的是太糟糕。

命运很快就以一种离奇的方式证明迈特纳这番话何其精确:不到一个月,哈恩就开始宣称,物理学阻碍了裂变这一发现,解开谜团的唯有化学。换句话说,迈特纳对他独立作出的发现构成了阻碍。当时,哈恩对自己在研究所的职位感到非常担忧,认定自己只有借助作出一个重大发现才能保证自己的前途。他对纳粹党怎样看待自己没有把握,一直觉得很有必要维护自己,证明自己很有价值。他后来回忆道:"对我来说,铀的研究(裂变的发现)是从天而降的礼物。具体而言,我常常满怀恐惧,担心[我将要失去]研究所的一部分。"

消息传出

弗里施在圣诞假期结束以后回到哥本哈根,1月3日,他告诉他的朋友尼尔斯·玻尔,说他和迈特纳得出了裂变的结论。“我几乎还没开始说呢,”弗里施回忆,“他就猛拍了一下自己的额头,说,‘哎呀,我们这群白痴!但这真是太妙了!事情就该是这样!’”

他们只聊了几分钟,玻尔就对迈特纳和弗里施得出的结论表示完全赞同。他说让他感到震惊的是别人没能更快想明白这一点。玻尔马上就要登上“皇后岛”号邮轮去美国,同行的还有他 19 岁的儿子埃里克(Erik)以及 33 岁的列日大学教授莱昂·罗森菲尔德(Leon Rosenfeld)。玻尔对于围绕裂变进行各种计算是如此着迷,以至于他在自己的舱房安装了一块黑板,于是他和罗森菲尔德就可以一边旅行一边就这个问题进行研究。

弗里施跟玻尔说过要保密,要等到他和迈特纳发表文章阐述他们的理论之后才能说。他知道,如果迈特纳不能尽快发表一篇文章,她对裂变发现的贡献就可能得不到任何承认。玻尔表示同意,但他对裂变的可能性变得如此心神激荡,他根本没有办法守口如瓶。他当然不是故意要跟迈特纳和弗里施过不去,但他只要跟其他人提起,他就没有办法控制这个消息不让大家继续传播。他坐的邮轮抵达美国纽约 57 大街码头后没多久,关于裂变的小道消息已经在美国学术界传开了。

1939 年 1 月初,迈特纳和弗里施的文章已经就绪,准备寄出,但弗里施想做几个跟进的实验,这也是迈特纳建议的,以确认他们的发现。迈特纳抱怨自己没有质量过硬的实验室设备可以操作,于是弗里施决定回家以后自己来做一些研究。弗里施一直在研究,1 月 13 日这天,他直接观察到能量的脉动,证明铀原子在分裂时会释放能量,就跟他预计的一样。他打电话跟迈特纳请教,飞快地写了一篇大约 500 字的文章,对该实验进行了总结。当晚他就寝时已经是凌晨 3 点钟,4 小时后,有人敲门惊醒了他。原来是邮差送来一份电报,说弗里施的父亲已经从达豪集中营获得释放,弗里施的父母很快就要移民瑞典。弗里施欣喜若狂,心头一块大石头终于可以放下。

1 月 16 日,弗里施终于向每周出版一期的学术杂志《自然》寄去两篇文章,分别是他和迈特纳合作的《一种新型原子核反应》(A New Type of Nuclear Reaction)以及弗里施自己写的《重原子核在中子轰击下发生分裂的物理学证据》(Physical Evidence for the Division of Heavy Nuclei under Neutron Bombardment)。在给编辑的信里,他没有提到这两篇文章极其重要,应该尽快发表。《自然》杂志编辑部于 1 月 17 日收到这两篇文章,但没有意识到内容如此重要,于是只按正常的处理程序,发表时间一下就排到了 2 月 11 日,即在文章寄出 3 个星期之后。这一出版延误引发了激烈的争论:到底谁才应该被认为因这些发现而享有荣誉?因为其他科学家在迈特纳和弗里施的文章发表以前就听说了这一发现。

正式公布

1 月 16 日,玻尔和罗森菲尔德抵达美国,这时距离迈特纳和弗里施的文章发表还有几个星期呢。在整个旅途中,玻尔和罗森菲尔德都在研究裂变问题,等到他们抵达纽约,他们对这一过程都有了扎实的理论认识。意大利物理学家恩里科·费米和匈牙利物理学家利奥·齐拉(Leó Szilárd)在纽约的码头迎接玻尔。罗森菲尔德没有意识到应该对发现裂变保守秘密,因此一见面就把自己对裂变过程的了解全部告诉了同行。

1 月 22 日,弗里施写信给玻尔,说他"正就'裂变'过程设计几个不同的新实验"。这是第一次,"裂变"(fission)一词被用于解释原子的分裂或拆分。弗里施是在听到一个生物化学家朋友用这个术语描述活细胞的分裂时受到了启发,而这一术语也确实可以完美解释原子的分裂,因此它成为正式名称用到今天。

1 月 26 日,关于裂变的消息在物理学界正式宣布。玻尔和费米出席了在华盛顿特区卡内基学院举行的第五届理论物理学大会,在现场宣布了裂变的发现,认为哈恩和斯特拉斯曼完成了实验,而迈特纳和弗里施对实验结果作出了解释。会场顿时陷入混乱,一些科学家甚至马上起身离开会场,赶回自己的实验室做实验,希望可以验证弗里施的工作,或是开始自己的新实验。

这一研究的意义是立竿见影且影响深远的。国际局势日趋紧张,战争已经迫在眉睫。由于裂变的结果是释放巨大的能量,许多科学家立即意识到,这一新发现很可能用于制造终极武器——原子弹。

实 至 名 归

玻尔试图确保迈特纳和弗里施的研究可以得到应得的名分,但要在他们的文章发表以前认可他们的研究是很难的。发现裂变的消息在美国物理学会公布这天晚上,玻尔给妻子写信说:“我当时就吓坏了,因为我答应过弗里施,我说我会等到哈恩的文章发表以及弗里施的文章寄出之后再说出这个消息。”玻尔很清楚,现在要想确保迈特纳和弗里施得到他们应得的名分,如果不是完全没有可能,也是难比登天。

2月3日,玻尔写信给弗里施,提到:

我不需要多说我对你的最重要发现是多么的欣喜若狂,我衷心向你表示祝贺……哈恩的实验,结合你姨母和你的解释,着实在物理学家当中产生了巨大的轰动,不止这样,还波及美国各大日报。事实上,你可能已经从我的电报,甚至还有斯堪的纳维亚媒体的报道(这是我非常担心的)中看到,好几个美国实验室已经争先恐后要着手探索这一新领域。在华盛顿的最后一天会议上,罗森菲尔德和我都出席了,就有好几个单位报告了他们观测高能量分裂实验的首批结果。令我感到非常遗憾的是,像我这般并不完全了解你的发现,甚至没能看到你和你姨母写给《自然》杂志的文章的定稿版本,我能做的本应只是(这一点我确实是怀着最大的热情做了)对有关人士强调,任何关于这些实验结果的公开讨论都是不可以的,除非恰如其分地提到了你和你姨母对哈恩实验结果那具有原创性的解释。

玻尔这么说并非杞人忧天。事实证明，迈特纳的名字几乎从未出现在媒体报道中。美国《时代》(*Time*)周刊报道："上周，哈恩的报告传到美国，物理学家立即赶回他们的实验室看看能不能亲自证明这一结果。本周初，哥伦比亚大学、约翰·霍普金斯大学以及卡内基学院的实验室都宣布了他们的证明。"迈特纳和弗里施没有得到应得的认可。

到了2月底，当迈特纳和弗里施合作的文章在《自然》杂志发表时，人们已经知道了哈恩的裂变发现。就跟玻尔担心看到的一样，迈特纳和弗里施基本上已经被遗忘了。裂变和原子能的发现这一故事就这样传开了，完全没有提到迈特纳在这一领域长达几十年的不懈探索，也没有提到她那具有革命性的、洞察裂变真相的时刻。还不止这样：弗里施在证明这一现象上作出的贡献也被大大地忽略，哪怕他率先用实验方式对哈恩的间接发现给出证明也无济于事。

随着时间流逝，哈恩自己参与了改写裂变发现的历史。起先，哈恩强调，裂变的发现是"我们三个人的合作成果"。仅仅过了几个星期，哈恩就背弃了迈特纳，将她从"他的发现"排除出去。哈恩出于对自己和斯特拉斯曼都有可能失去职位的担心，开始将自己与迈特纳划清界限，修改他们合作的历史。他似乎忘记了自己曾经如何恳求迈特纳施以援手，恳求她帮忙解释自己的实验结果。他开始淡化和贬低她在他这一研究当中的贡献，最终，他声称裂变的发现"跟物理学毫无关系"！

1939年3月10日，迈特纳写信给哈恩，坚持自己应该得到应得的名分。她提醒哈恩，"你和斯特拉斯曼"不可能作出这一重要而又"美丽的发现"，假如"**我们**没有作为一个团队"从早期的铀实验开始做研究。他俩的实验是在这之前漫长岁月持续合作的基础上取得了突破。

其他同样在做超铀研究的科学家，绝大多数都会因为听说迈特纳的结果而对自己感到懊恼不已：裂变这件事，一旦给出解释，就变得那么简单直白。尽管伊雷娜·居里从不说脏话，但是，当她读到哈恩与斯特拉斯曼关于裂变发现的文章时，还是说了一句，"天啊，我们真是群蠢驴!”

这一次,伊雷娜·居里差不多就要作出一项重要发现,却还是再次错过了机会。与哈恩一样,伊雷娜也走到了准确判断结果并发现与已知物理规律矛盾的地步,但她没想明白到底哪部分规律出了问题。伊雷娜开始琢磨,如果她和弗雷德里克继续合作,会不会就有能力抢在迈特纳之前作出这一发现。总之,这次错过重大发现给伊雷娜造成的痛苦可能更加深刻,因为她不仅没能击败迈特纳,这位在超铀研究领域的对手,而且还输给了迈特纳。

伊达·诺达克的说法

1939 年 3 月,德国物理学家伊达·诺达克(Ida Noddack)宣称她在哈恩的文章发表前 5 年就已经发现了裂变。哈恩写信给迈特纳说:

> 另一个令人不快的情况是,伊达·诺达克给《自然科学》杂志写信,说我没有提到她的贡献,因为她早在 1934 年就已经预言铀会分裂为较轻的原子。我相信你记得她那篇文章……她对斯特拉斯曼和我的工作报以嘲讽,说我们的文章应收回和修改,等等。

迈特纳在回信里称诺达克的说法毫无意义,说她不记得这篇文章。

诺达克关于铀分裂的文章刊登于德国《应用化学》(*Angewandte Chemie*)杂志 1939 年 9 月号,但没有得到重视。在这篇文章里,诺达克提出,超铀实验出现的意外结果,可以用铀原子核分裂为两个中等规模原子来解释。她推测:“可以设想,当较重的原子核遭到中子轰击,原子核可能分裂为几个大的碎片,它们是现今已知元素的同位素,但不会紧邻那些被轰击的元素。”几乎没有人留意到这篇文章以及她的猜测,迈特纳和约里奥-居里夫妇也没有。这一分析与物理学在这之前的经验完全不符,诺达克也没能提供任何实验证据作为支持。尽管诺达克现在做好准备要主张她在裂变发现上的贡献,但她在这之前就和其他人一样对这一想法没有特别在意,甚至没有打算做个简单实验加以证明——毕竟,在那个时候,这想法简直有点太异想天开,不值得讨论或做实验进行验证。

哈恩和斯特拉斯曼想要就诺达克的指责发表一份愤怒的回应,但德国《自然科学》杂志的编辑劝说他们不要那么做。相反,杂志刊登了一个注记:"奥托·哈恩和弗里茨·斯特拉斯曼先生告知我们,他们没有时间也没有意愿进行回复……他们想请他们的同行担任裁判,就伊达·诺达克提出的要求及其方式和内容是否正确进行评判。"迈特纳告诉哈恩:"她自己的言论最形象地展现了她那不科学的小心眼和嫉妒。她这是把自己变成一个笑柄。"

围绕诺达克讨要名分而产生的争议,进一步坚定了哈恩的看法,即他和斯特拉斯曼——没有别人,包括迈特纳——应该成为裂变的发现者。他连一个脚注都不打算给诺达克。从那时起,他越发躲进自己的想法,认为迈特纳不仅不配分享裂变发现的荣誉,而且只要她在柏林与他共事,就对他的进展构成了阻碍。

"裂变弹"

关于裂变发现的报道让整个学术界闻风而动:1938 年春夏季,在不同的学术期刊出现了十几篇文章。科学家立刻意识到,裂变可以用于制造杀伤力远超人类此前想象的致命武器。在一场军事冲突中,先造出一颗可用的裂变弹的一方可以在战争中占有明显优势。这可不仅仅是一种理论上的威胁:德国已经吞并奥地利且已经动员军队了。

那时候,科学家公开发表自己的研究,抱着传承知识的想法分享自己的数据。但是,在裂变发现这件事情上,尤其是在战争期间,有科学家认为,禁止信息分享才是符合国家利益的做法,因为这样做会让一般意义上的敌人——尤其是德国——更难研制这种起先被称为“裂变弹”的武器。

匈牙利物理学家利奥·齐拉就是担心德国可能研制出一种炸弹用于对付美国和其他同盟国国家的科学家。他和玻尔都支持对这一发现进行国际合作与控制，最终让这种炸弹的爆炸威力在国际范围里作一次展示，无需真正用于战斗。

齐拉同时认为，科学家应该立即停止发表关于裂变以及核链式反应可能性的文章。他知道德国科学家已经开始研究制造一种炸弹。为什么其他科学家在这时候还要跟自己的敌人分享信息呢？带着这一想法，1939 年 2 月，齐拉写信给约里奥-居里夫妇：

> 我个人认为这些事情应该只在英国、法国和美国的科学家之间私下讨论；不要再发表关于这一课题的文章，如果事实证明，有中子发射出来，那么一个链式反应是可能发生的。

齐拉跟其他专家一起联系顶级学术期刊，恳请他们不要再发表关于裂变或链式反应的文章。一些科学家认同齐拉这一观点，马上停止发表自己的工作。但包括约里奥-居里夫妇在内的其他科学家则坚信，任何形式的内容审查，包括自我审查，都是与他们的信念相违背的，他们信奉的是国际主义以及自由的科学。约里奥-居里夫妇拒绝停止发表文章，争辩说科学发现并不属于个人，不应申请专利以获利，不能将其用作军事情报。

1939 年 3 月 16 日，由于希特勒入侵捷克斯洛伐克，国际关系之弦绷得更紧了。齐拉再次联系伊雷娜和弗雷德里克，敦促他们考虑推迟发表他们下一步裂变实验的结果，担心其发现可能被用于军事。约里奥-居里夫妇并不相信人类可以在这么短的时间里造出裂变弹，从而改变战争的走向；哪怕这真有可能做到，他们也认为，要想阻止纳粹科学家获悉研究进展是不可能的，即使停止发表论文也无济于事。此外，约里奥-居里夫妇指出,从哲学层面看,如果同盟国科学家停止发表各自研究的成果,那么,他们就已经向希特勒投降,让他可以限制自己的言论自由。

经过非常慎重的考虑,4 月 7 日,约里奥-居里夫妇向齐拉发出了回复,只有一个字:“不”。同日,弗雷德里克向《自然》杂志寄去了他们的实验结果以及他和伊雷娜做的计算,估计了每次裂变可能释放的中子数量。这篇文章于 1939 年 4 月 22 日发表,成为第一篇证明裂变可能产生足够多的中子以触发链式反应的文章。

伊雷娜和弗雷德里克当时并没有意识到,齐拉的担忧是有充分依据的。

截至 1939 年 4 月,德国政府已经组成一个秘密委员会,讨论将铀裂变应用于军事目的的方式。(尽管哈恩并不赞同希特勒或纳粹党的政纲,但他确实是这一团体的资深成员,因为他比德国其他科学家都更了解裂变。)伊雷娜和弗雷德里克从未有过帮助德国人的想法,他们只想继续自己的裂变实验,目标是造出一种核反应堆作为可靠的能量来源,从而造福全人类。他们以为全世界的科学家一定会同心协力阻止任何人将核裂变用于制造大规模杀伤性武器,这真是太天真了。

约里奥-居里夫妇此前从未试过将自己的工作申请专利,这一次,在三位同事的劝说下,弗雷德里克被说服了,决定为几种应用裂变的发明申请法国专利,其中包括一种核反应堆以及一种可能的核炸弹。这三位同事分别是奥地利的汉斯·冯·哈尔班(Hans von Halban)、法国的弗朗西斯·佩兰(Francis Perrin)、俄罗斯的卢·科瓦尔斯基(Lew Kowarski)。(这些应用直到战争结束后的 1950 年才获批成为专利。)

约里奥-居里夫妇顽固拒绝停止分享自己的工作。齐拉以为,只要假以时日,法国团队一定会改变自己这一做法。他说:“只要**我们**坚持**不**发表文章,约里奥就一定会改变态度,不然的话,他就会处于劣势,因为我们都可以得知**他的**实验结果,但他**不会**知道我们的结果。”

齐拉、爱因斯坦与罗斯福

尽管齐拉未能成功说服约里奥-居里夫妇对他们的实验结果保持沉默,但他决定设法说服美国政府参与协调一个裂变弹计划。齐拉和另一位科学家随即开车前往位于新泽西州的普林斯顿高等研究院,他们要去拜访阿尔伯特·爱因斯坦,后者已于1933年离开德国而移民美国。没想到,他们被告知爱因斯坦正在度假,于是他们按照线索一路找到爱因斯坦位于纽约长岛的别墅,见到了爱因斯坦。

齐拉解释了自己对裂变现象可能被用于制造原子弹的担忧,爱因斯坦表达了自己的惊讶之情。"我从来没想过这一点!"爱因斯坦说。

现在普遍认为,下面这封由齐拉起草、爱因斯坦签名的信件,正是使得富兰克林·罗斯福(Franklin Roosevelt)总统不得不认真考虑德国握有核威胁之可能性的催化剂。此信节选如下:

1939 年 8 月 2 日

阁下:

E·费米与L·齐拉的一些近期工作,经由手稿形式送到我这里,让我有理由相信铀元素可能在不久的将来变成能量的一种新的重要来源……过去这4个月时间,通过法国的约里奥以及美国的费米和齐拉的工作,这一可能性已经被证明,即有可能通过链式核反应,用铀产生巨大的能量以及类似镭的新元素。现在几乎可以肯定,这在不久的将来就能做到。

这一新现象也可以用于制造炸弹……爱因斯坦抓住了问题的重点;他说他希望美国可以抢在希特勒前面造出这种炸弹。

美国总统必须尽快采取行动。一个月后,1939年9月1日,德国入侵波兰。9月3日,英国向德国宣战,5个小时后,法国向德国宣战。

第二次世界大战正式爆发。

1939年10月19日，罗斯福总统给爱因斯坦写了回信，他这样写道：

我亲爱的教授：

非常感谢您最近的信件以及随附的最有趣、最重要的报告。我发现这其中包含的数据如此重要，我就组建了一个委员会，成员包括标准局局长以及来自陆军和海军的特选代表，以彻底调查您关于铀元素的建议的可能性……

这封信标志着美国的原子能研究计划正式开始。比赛已经开始：世界进入战争状态，胜利很有可能属于抢先搞清楚如何制造一颗原子弹的一方。

第十三章

战争

在整个第二次世界大战期间，伊雷娜·约里奥-居里多数时候都因结核病而不得不停下手里的工作，前往位于瑞士的一处疗养院休养。与此同时，弗雷德里克·约里奥-居里留在法国继续自己的研究，并且越来越深地涉足政治。

法国宣战没多久，弗雷德里克就被任命为法国炮兵预备役的上尉，负责协调政府的研究工作。弗雷德里克此前从事裂变研究的两位合作者，卢·科瓦尔斯基和汉斯·冯·哈尔班，已经归化成为法国公民，现在可以参军继续跟弗雷德里克搭档做研究。

起先，这一团队计划继续他们关于裂变的研究，以制造一种核电站为目标——弗雷德里克称之为“铀锅炉”——用慢中子创造一种可持续的铀的链式反应。弗雷德里克对于制造一颗炸弹只有理论上的兴趣，他的真正目标一直是开发一种安全、廉价的原子能来源。美联社报道，弗雷德里克正在尝试“找一个办法，用2英镑的铀就能制造出相当于总价为10 000英镑的煤的能量”。尽管这是一个全新的研究领域，但许多人都坚信，只要假以时日，弗雷德里克一定可以达到这一目标，伊雷娜也热切地提供力所能及的建议。

弗雷德里克要完成自己的工作,需要用到重水(富含氘的水,氘是氢的同位素,重水的作用是在核裂变过程中降低链式反应的速度)。重水中的氢原子大多都含有中子,这使它们变得比普通水里的氢原子更重,密度更大。重水很难找到,价格相当昂贵。在欧洲,重水只有一处来源,即挪威的海德鲁公司,他们收集在生产合成氨过程中作为副产品之一出现的重水。

到这时候,全世界的研究人员都已经意识到,不管最终目的是产生能源还是制造炸弹,重水在核裂变相关研究都具有重要的意义。德国的法本公司拥有那家挪威公司25%的股份,现在它下订单要2吨重水,送到德国供研究之用。

海德鲁公司的主管注意到了当前的政治和军事局势:掌握重水的国家就能占据明显优势,领跑制造一颗原子弹的比赛。于是这家公司试图拖延订单的执行进度,但这不能拖太久。作为肩负科研责任的法国军官,弗雷德里克必须想出一个办法,抢在德国人前面得手。

1940年2月,一名法国中尉用他母亲娘家的姓氏飞赴阿姆斯特丹,手里拿着一张支票,金额为3600万法郎,当时约合140万美元。他的任务是要进入挪威,将那家挪威公司的全部重水存货带到法国,假如这不可能,就改用一个玻璃小管的金属镉将这些重水污染,这是弗雷德里克为他专门准备的。

这名中尉一离开法国,德国军方就起了疑心,下令要将其寻获并逮捕。但不管怎样这位军官还是成功地在纳粹党徒毫不知情的情况下先到了瑞典,继而抵达挪威。当他终于跟挪威海德鲁公司有关人士会面时,这位公司高管同意将该公司全部重水存货借给法国,共计185千克,约合408磅,借用期限到战争结束为止。

下一个难题:如何将这批重水运回法国。在工厂里,人们先用26个7升的容器将这批重水密封包装。3月12日,作为一个精心策划的计划的一个步骤,这批容器被放上一辆出租车带到机场。出租车抵达机场之际,跑道上有两架飞机,都是准备执行正常航班。其中,一架要飞往阿姆斯特丹,一架要飞往苏格兰的珀斯。法国中尉看上去漫不经心地登上了前往阿姆斯特丹的飞机,完全不理会另一架飞机。就在飞机起飞前几分钟,装有重水的出租车一路冲上飞行区,一位法国官员从车上跳下来,摆出一副差一点就要赶不上前往阿姆斯特丹的飞机的架势。

柏油跑道上发生这波骚动的时候,两架飞机都在航站楼的视线关注范围之外,于是重水安全地上了前往苏格兰的飞机,法国中尉也顺利地完成了调换航班的动作。

两架飞机不久都起飞了。前往苏格兰的飞机一路顺利,前往阿姆斯特丹的飞机被德国军方要求降落。德国人将飞机搜了个底朝天,却没有发现他们要找的不同寻常的货物。

而在另一连串不那么富有戏剧性的事件里,这批重水从苏格兰送抵巴黎,存放在法兰西公学院的地窖里。弗雷德里克意识到这批重水在巴黎也不安全,就多次进行转移,这批重水一度还曾存放在法国里永一所监狱的死囚牢房里。等到德国入侵法国,巴黎陷落,这批重水又被秘密送上"布鲁姆帕克"号轮船撤到英格兰。这一次,是弗雷德里克的同事冯·哈尔班和科瓦尔斯基开车将重水送到船上,并将其安置于轮船的救生艇里面的;这样做的考虑是,万一轮船在路上遭遇鱼雷袭击,重水仍然有望保全。这批货物抵达英格兰后,就被暂时存放在另一家州监狱,后来还被温莎城堡的王室图书管理员保存过一段时间。

关键是这批重水就此离开了德国人的控制。没有这批重水,德国的核研究至少在一段时间里受到了限制。当德国人作为占领军盘问弗雷德里克关于这批重水的下落时,他告诉他们,重水在另一艘船上,而这艘船在前往英格兰的路上被击沉了。德国人因为找不到证据进行反驳,只能相信弗雷德里克的话。

费米的链式反应

将重水藏起来不让德国人发现还不够。要想造出一颗同盟国炸弹,研究人员必须找出办法,用一个正在进行的链式反应制造可持续的裂变。已经通过裂变实验证明的理论,必须在一个更大的规模实现,才有可能造出一颗炸弹,或者说,建造一座核电站。换言之,下一步就是设计一个实验,验证一个铀原子可以分裂并释放中子,然后继续分裂原子,如此不断进行,成为一个可自我持续的系列,从而使裂变过程得以继续下去。

一些物理学家认为链式反应是不可能的。其他物理学家则认为存在理论上的可能性,但这些研究人员没有办法找到足够数量的一种特殊形式的铀——同位素铀 235,这是发生链式反应所需要的。自然界里可以找到的铀,99% 是铀 238,它包含 146 个中子,而可用于核裂变的是非常少见的铀 235,它包含 143 个中子。在研究人员看来,两者的巨大区别在于,铀 235 是唯一存在于自然界的可在持续的链式反应中被分裂的同位素。

应美国政府的请求,已经于 1938 年移民美国的意大利物理学家恩里科·费米来到芝加哥大学进行研究。他在大学壁球场的地下深处建立了一个实验室,在里面筑起一个巨大的由铅板隔离的“反应堆”,看看能否实现铀 235 同位素裂变的持续的链式反应。

1942 年 12 月 2 日,在迈特纳与弗里施宣布他们发现裂变 4 年后,第一次原子核链式反应发生了。这次测试包括将吸收中子的镉棒插入大块的铀内。随着费米一声令下,用于控制反应进程的镉棒一根一根被抽出,使反应得以开始。当最后一根镉棒被抽出——这根镉棒还有一个代号,叫作“拉锁”(Zip)——链式反应便进入自我持续状态。这时,铀 235 开始分裂,释放出足够快的中子,足以激发下一个反应。28 分钟后,代号为“拉锁”的镉棒被放回原位,反应速度开始变慢,恢复到可控状态。

这一实验的成功证明了制造一颗原子弹是可行的。到了 1943 年,在新墨西哥州洛斯阿拉莫斯启动了名为“曼哈顿计划”的大型绝密工程,旨在制造一种原子武器。其他同盟国也参与进来,希望通过多国合作,可以抢在德国人前面造出一颗炸弹。这早已不是学术圈里争夺荣誉或地位的比赛,而是谁能赢得军备竞赛谁就能赢得战争。

战争时期的约里奥-居里夫妇

尽管弗雷德里克和伊雷娜·约里奥-居里一直坚持拒绝内容审查而分享自己的研究发现,但是,当法国向德国开战后,他们就意识到,自己不应该继续分享关于裂变的工作。自从第一次读到迈特纳的裂变发现,弗雷德里克就对裂变产生了强烈的兴趣。他将裂变视为解决法国能源问题的一个可能方案。1939 年的法国,石油几乎全部依赖进口,煤炭也有三分之一来自外国。假如法国可以开发原子能,就有望获得能源独立。

伊雷娜和弗雷德里克起先并不相信,有人能在对德战争中由于抢先研制成功一颗炸弹而改变胜负结果,但他们知道,其他国家一定都在努力将他们的研究适应战时应用。1939 年 10 月 30 日,他们将自己关于核裂变和核反应器的文献放在一个信封里,封好,存在科学院的一个保险柜里。这个信封要在那里放上 10 年才能被打开。

约里奥-居里夫妇对于保护自己研究的担忧,在 1940 年 6 月变得更加严峻:德军进入了巴黎,法国最终要一分为二,一边是德国占领区,面积超过一半的法国国土都被纳入,巴黎也在里面,一边是南部未被占领区。一名忠实的纳粹党徒接管了弗雷德里克的实验室,还给弗雷德里克安排了 4 位纳粹科学家作为助手。

伊雷娜当时正处于结核病的康复期,无心他顾。弗雷德里克努力作出足够配合纳粹党的样子,希望可以保全自己实验室的完整,确保其工作正常进行,但又不全力以赴,因为他并不支持德国人的事业。有同事指责他站在德国人那边;也有同事认为他是一个非常实际的人,总是竭力要在不可能的局势里找到出路。当时,弗雷德里克不得不小心翼翼对待自己在实验室里的工作,尽量假装很忙,但又没有做完任何有可能加快纳粹研发炸弹进程的研究。弗雷德里克甚至没有继续研究裂变,而是带领自己的团队转向了生物研究,做了一系列实验,用具有放射性的碘评估甲状腺的功能。

弗雷德里克一直忠于法国,但他的政治倾向变得越来越激进。1942 年,德国的盖世太保,也就是秘密警察,杀害了弗雷德里克的几位密友,其中包括保罗·郎之万的女婿,弗雷德里克得知消息之后,加入了共产党。"我成了共产党人,因为我是一名爱国者,"弗雷德里克说。这是一个危险的决定,因为德国人早就以处死共产党人而闻名。

而当伊雷娜目睹法西斯势力席卷欧洲,也从政治上变得越来越积极主动。她支持给予女性公民权利上与政治上的平等,包括给予女性从事科学研究的自由。她反对法西斯政府,因为它主张独裁者拥有绝对权力,控制产业,压制反对意见,鼓吹极端的国家主义和种族主义。

伊雷娜加入了"法国人民阵线",这是由致力于抵抗法西斯的温和派、社会主义者和共产党人组成的联盟,并被邀请出任主管科研工作的副部长。她答应了,称这决定是"为法国女权运动作出的一次牺牲"。她想要推动实现"女性最宝贵的权利……在同等条件下,同男性一样有通过教育和经验而获得从事职业的资格"。她得到邀请,希望她成为法国首批女性内阁部长之一。她接受了这一邀请,尽管非常讽刺的是,她不能在公开选举中投票,因为在法国,女性要到 1945 年才获得投票权。不过,在她接受部长职位之际,她只打算做 3 个月就辞职,然后将这一职位让给一个朋友,确保自己可以回归研究工作。

伊雷娜缺乏政治才能,外交和计谋从来不是她的风格。每当接到邀请要出席一场活动或一次会见,她会简单回复去或不去,从没想过要用法国商务信函常用的传统花体字写上几句场面话。她的秘书试过代为草拟回复,提到她对于错过这次会见感到"非常难过",或是向一位同事表达"高度尊敬"或"崇高敬意",但是伊雷娜将这些不必要的夸张说法一概删去,只留下最基本的大白话。她还痛恨浪费时间。一旦会见时间延长或让她感到无聊,她当场就会起身离开。

随着时间流逝,伊雷娜加入了好几个支持女性权利的组织,包括法国女性联盟。她说:“我不是那种人,不会认为女性[科学家]……能对自己身为女性毫不在意,不管是在私下里或公开场合都一样。”

战时的英雄事迹

第二次世界大战期间,伊雷娜的健康状况进一步恶化。食物和燃料短缺导致她的结核病复发。她的脸上产生了深深的皱纹,看上去比同龄的40岁出头的女性要苍老很多,她还常常感到疲倦乏力。医生让她要有节制地工作,但她发现这很难做到。相反,她在自己位于居里研究所的办公室放了一张行军床,这样就能在中午躺一会儿,却又不会耽误她的研究。疲倦乏力的感觉常常让她感到非常虚弱;有一次,她正在外地旅行时,突然感到筋疲力尽,不得不在公共场合直接躺在地上小睡了片刻,而她身边总是人来人往。既然没有什么好办法可以解决这问题,伊雷娜选择不再讨论自己的健康状况,哪怕跟自己最亲密的家庭成员也是如此。不过,在整个战争期间,她仍每年在疗养院待几个星期,甚至几个月,通常是在阿尔卑斯山上。

战争进入尾声,弗雷德里克做了安排,要让伊雷娜和孩子们离开法国,但伊雷娜拒绝离开,要等她的女儿埃莱娜完成中学毕业会考再说。埃莱娜在边境上的一个小村庄秘密参加了考试。1944年6月6日,伊雷娜和她的两个孩子翻过侏罗山进入瑞士。伊雷娜的背囊里带着一本厚厚的物理学书,还有一份对数表,边上印有“镭研究所”的标记。他们很幸运:6月6日刚好就是D日,美国人进军法国诺曼底海岸,德国边防守军的注意力全被吸引过去,使他们的逃跑行动变得相对容易。

一旦自己的家人平安了,弗雷德里克就跟随法国抵抗运动转入地下。他用的假名叫“让-皮埃尔·戈蒙”(Jean-Pierre Gaumont),如果要给伊雷娜写信,就称她为“加布丽埃勒”(Gabrielle)。有那么一段时间,弗雷德里克每天换一个地方,从来不在同一个地方睡两晚。他和其他地下工作者在巴黎圣母院附近的塞纳河边会面,假装自己是一个大学新生,却在传递有关爆炸物的公式以及如何制作土制手榴弹的说明。

当时,盟军部队陆续抵达诺曼底,竭尽全力向巴黎挺进。同一时间,弗雷德里克和其他抵抗运动成员正在紧锣密鼓地为一场不可避免的起义做准备。1944 年 8 月 19 日,弗雷德里克带了两个手提箱,里面放有足以制作莫洛托夫鸡尾酒*的化学物品,进入了巴黎一座警察大楼。巴黎人民早已动员起来,随时准备对德军部队进行打击。弗雷德里克和两名助手在地下室的一个临时搭建的实验室负责将香槟酒从酒瓶里倒出来,再在酒瓶里灌入足够的汽油和酸的混合物,使它们变成小型爆炸物。酒瓶外面用浸泡了氯化钾的纸包好,氯化钾是一种爆炸剂。然后,这些瓶子会被送到楼上,由其他人从窗户向大楼附近的德军坦克投掷过去。

这些临时凑合的武器摧毁了好几辆坦克,德国人终于开始退却,至少当时看上去是这样。弗雷德里克和其他人一道,生产了大量这样的简单爆炸物,随着战斗持续,他们要凭这些武器坚守好长一段时间。

8 月 25 日,盟军抵达巴黎,巴黎终于得到解放。弗雷德里克成为了战争英雄,获颁荣誉军团指挥官勋章,这是法国的最高荣誉,他同时获得一枚带棕榈叶的军功十字章,这是专为表彰军人在战斗中的英勇事迹而设立的荣誉奖章。

"我要跟炸弹划清界限!"

第二次世界大战期间,美国政府邀请莉泽·迈特纳参与曼哈顿计划,但她拒绝了。"我要跟炸弹划清界限!"她说。迈特纳依然记得自己在第一次世界大战战场的亲身经历,她不愿意参与到那样一种破坏里去。让迈特纳担心的是,这场战争会对她那些仍然留在德国和被德国占

---

* 燃烧弹的俗称。——译者

领的奥地利的亲朋好友造成怎样的影响。哈恩的儿子汉诺(Hanno),在德军参加作战时失去了一条胳膊,迈特纳是他的教母;马克斯·普朗克的家被夷为平地,他的儿子也因为参与了刺杀希特勒的计划而被纳粹处死;迪克·科斯特和他的妻子在德国占领下的荷兰忍饥挨饿。

迈特纳继续自己的研究,但因为实验室缺乏必要的设备而不能做更多关于裂变的跟进实验,这让她倍感沮丧。她带了几个博士生,想出了一些富有创意的新办法,为自己的实验室建造实验器材。她继续发表自己的研究,主题是关于裂变的新理论以及关于 γ 射线的调研。

在战争时期的大部分时间里,迈特纳跟哈恩失去了联系。哈恩和另外 9 位德国科学家被盟军抓获并被送到位于英格兰的一处叫作农场庄园的乡间宅邸。盟军的意图并不是要将这几位顶级科学家投入监狱,而在于不给他们继续研制炸弹的机会。整个庄园布满了监听设备,盟军可以听到科学家们的谈话,以找出德国人在研制原子弹这一方向都有哪些进展。哈恩和其他科学家在此处一直被扣留到 1945 年年底战争结束。

对迈特纳而言,战时最可怕的遭遇是,意识到德国集中营里到底发生了什么。随着战争临近尾声,迈特纳亲眼看到成千上万的集中营幸存者,他们离开集中营来到瑞典。那骨瘦如柴的面孔和空洞的眼神让迈特纳感到不寒而栗。

迈特纳对希特勒的死亡集中营了解得越多,她就越对自己在德国度过的岁月以及自己与德国人——特别是哈恩——的关系感到纠结。1945 年 6 月 27 日,她满怀真情实感给哈恩写了一封信。哈恩后来说这封信他从来没有看到过,但他的秘书倒是将信件内容的一份复制件存入档案,而这份复制件在档案里一放就是 40 年。迈特纳写道:

亲爱的奥托:

……这封信是在极度匆忙中写下的,尽管我有千言万语的心里话想要诉说。记住这一点,拜托。看这封信的时候请切记我的友情从未有所改变。

在我心里，在这过去几个月里已经给你写了许多封信，因为在我看来，很显然，即便是你和马克斯[马克斯·冯·劳厄，一位德国物理学家]这样的人，也不能看清[纳粹德国的]真实情况……这是德国的不幸：你们全都失去了公正与公平的判断。早在1935年3月，你就告诉我，霍莱恩(Horlein)[资助威廉皇帝研究所的团体的财务主管]跟你讲过犹太人即将面对的可怕遭遇。所有已经做好计划并将付诸实施的罪恶行径，他都知道；尽管他是一名纳粹党徒，你却依然不管这一点而继续将他视为一名值得尊敬的人，让他左右了你对你最好朋友[此处指迈特纳自己]的做法。

而且你们全都为纳粹德国工作，从未有过哪怕是消极抵抗的尝试。当然，为了挽救你备受困扰的良知，你偶然也帮助过一位受压迫人士；不过，你依然让千百万无辜的人被谋杀，却从没有提出过半点抗议。

我必须写信告诉你这一点，因为你和第三帝国将要面对的前途，在很大程度取决于你们能不能承认你们所有人曾经允许过怎样的事情发生。早在距离战争结束还有很久的时候，在中立的瑞士，人们已经开始讨论，战后应该如何处理德国的学者……具体而言就是，你知道你要对由于自己的消极而产生的后果承担一份责任，同时认同有必要尽力参与对这些后果作出补偿，只要仍然存在补偿的机会。不过，许多人认为为时已晚。他们说你们从一开始就背弃了你们的朋友，也背弃了你们的人民和孩子——因为你们让他们在一场罪恶的战争中处于生死攸关的境地——最终也背弃了德国：当战争已然变得毫无希望，你们甚至没有阻止对德国的毫无意义的破坏。听上去真的是活该，但请相信我，我是怀着最真挚的友谊给你写下这番话。你真的不能指望全世界同情德国。我们最近听说的集中营里令人发指的暴行，超出了我们曾经害怕的一切事物的范畴……

也许你还记得，当我仍在德国的时候(我现在已经知道，我没有马上离开德国不仅愚蠢，而且极其非正义)，我常常对你说，“只要我们[犹太人]有不眠之夜,而你们却没有,德国的情况就好不到哪里去。”但你从来没有过睡不好的夜晚;你就是不想面对——这真太让人难过了。

毫无疑问,迈特纳寄出这封信的时候一定是如释重负。她终于找到机会就这场战争和自己承受的背叛表达了最深刻的情感。她有足够的勇气站稳自己的立场,阐述自己的信念,并且是在了解所有可能后果的前提下这样做。她不再保持沉默:她已经见证过,假如人们拒绝站稳立场反抗邪恶,最终可能会有什么后果。这场战争改变了迈特纳,她已经不再是哈恩第一次见面时那位安静而顺服的女性。她终于发出了自己的声音。

1945 年 8 月 6 日

1945 年 5 月,德国宣布向同盟国军队投降,但在太平洋战场,对日作战仍在持续。1945 年 8 月 6 日,迈特纳正和朋友们待在瑞典中部一所湖边别墅里度假,她听到了一个消息:当天上午 8 点 15 分,代号“伊诺拉·盖伊”的美国 B-29 轰炸机在日本广岛投下了一颗重达 4 吨的代号“小男孩”的原子弹。瞬间形成的 16 000 吨 TNT 当量爆炸力将整个城市夷为平地,成千上万人当场死亡。几个月内,多达 16 万人将会死去,死因可能是原子弹直接杀伤或是辐射和中毒等潜伏的副作用。

迈特纳和她的朋友们目瞪口呆,一句话也说不出来,他们试图理解这种破坏力的程度。这颗炸弹通过铀裂变形成链式反应,产生了巨大的爆炸,恰如迈特纳预计那样。

突然,有人敲门,打破了屋里的沉默。别墅里没有电话,因此一位邻居特意跑过来告诉迈特纳,当地一份报纸的记者想要采访她。没过多久,记者就到了,向迈特纳了解她为原子弹做了什么工作。她告诉记者,她**从未**参与任何一种核武器项目。她参与过好几个物理学项目,但这些工作的目的从来就不是要造出一颗炸弹。从来不是。

更多记者陆续前来采访迈特纳,想要了解她的看法,因为她作为科学家,为释放潜藏于原子深处的巨大力量作出过至关重要的贡献。德国一位女科学家发现了裂变现象,而她设法逃出了德国,这一事实引起了记者的强烈兴趣。仿佛只是一夜之间,迈特纳,这位害羞而安静的科学家,变得举世闻名。

3天后,美国第一夫人埃莉诺·罗斯福(Eleanor Roosevelt)提出希望对迈特纳进行访谈,为美国国家广播公司做一次跨大西洋的电话直播。很快,从瑞典乡间到美国华盛顿的长途电话线路就已准备好了。8月9日,访谈开始,同日,第二颗原子弹再次被投在日本本土,这次选在长崎。在这个历史性的对话中,罗斯福夫人祝贺迈特纳为解释核裂变过程作出了主要贡献,并将她与玛丽·居里相提并论。罗斯福夫人还邀请迈特纳稍后访问美国。

在访谈期间,迈特纳和罗斯福夫人都表示,她们认同有必要在政治与科学中进行国际合作。迈特纳同时呼吁,女性要为创造持久和平以及负责任地运用原子能发挥更多作用,她还对自己的裂变研究可以在这样短时间内变成一种武器表示了震惊。她对这武器的立场是明朗的。她说:"很不幸,这个(关于裂变的)发现恰好赶上了战争。"

作为女性,迈特纳认为自己负有更大的义务,必须竭力避免战争。她说:"女性肩负一份伟大的责任,她们有义务竭尽全力阻止下一次战争。我希望,原子弹的制造不仅有助于尽快结束这场可怕的战争,还可以让我们有能力将这种了不起的能量释放出来用于和平的工作。"

迈特纳说对了。炸弹展现的致命力量让日本人深受震动,1945年9月2日,日本宣布无条件投降。第二次世界大战正式结束。

尽管迈特纳根本无意引起关注,她却依然成为了科学界的明星人物。在另一边,哈恩对迈特纳由于发现核裂变而得到媒体广泛报道心生嫉妒。就在第二颗原子弹爆炸几天后,哈恩签署了一份新闻发布稿,上面写道:

在迈特纳教授逗留德国期间从未有过关于铀裂变的讨论。那被认为是不可能发生的。在针对放射性铀与中子作用产生的化学元素进行了广泛的化学调查之后,哈恩与斯特拉斯曼不得不在1938年年底假定铀分裂为两半……

哈恩迫不及待想要确保自己可以作为裂变现象发现者留名青史。这是哈恩的立场,多年来从未改变。

跟莉泽·迈特纳一样,弗雷德里克和伊雷娜·约里奥-居里听说原子弹爆炸的消息也觉得非常恐怖。伊雷娜说,母亲玛丽·居里没能活到这一天,不必目睹原子弹投入使用,为此她感到庆幸。战后,在一次讲座上,她说:"看到一个像美国这样伟大的国家,居然选择挥霍自己全部力量用于加大一颗原子弹的破坏力,而忽略其他具有普世意义的重要议题,这真让我们感到难过。"

在约里奥-居里夫妇看来,这颗炸弹令人厌恶,它是一种畸变,也是对自然界之美和他们所作出的发现的彻头彻尾的背叛。弗雷德里克写道:

铀装置包含的巨大能量储备还可以缓慢释放以作实际用途,从而造福全人类。我个人坚信,原子能将在和平时期为人类作出难以估量的贡献。

约里奥-居里夫妇和莉泽·迈特纳都因自己的工作对制造原子弹有过贡献而感到愧疚。尽管他们从未打算参与制造这种致命武器,但伊雷娜·居里和莉泽·迈特纳的研究确实在这种武器的最终研制成功上起了重要作用:伊雷娜的贡献在于创造了人工放射性,迈特纳的贡献在于提出了裂变的概念。她俩也都深感遭到了背叛,因为自己的工作居然被用于战争目的。她们认为,科学是纯粹而不带政治色彩的,其绝对真理几乎可以说是神圣的。科学不应用于任何政党、宗教或国家。将裂变知识用于杀人是不可理喻的,与她们的信念是截然相反的。她们都不愿意看到自己热爱的科学被用于这样一种具有如此巨大破坏性的目的,但她们对他人如何应用自己的发现却没有任何发言权。

第十四章

被忽视

1945 年 11 月 16 日，广岛和长崎遭受原子弹轰炸 3 个月后，瑞典皇家科学院宣布，奥托·哈恩获得 1944 年诺贝尔化学奖，理由是“他发现了重原子裂变。”（由于战争的关系，这一结果推迟了一年宣布，而且还要再等一年，等到 1946 年的颁奖典礼才能颁发。）关于瑞典方面正在考虑是否为迈特纳颁发物理学奖或化学奖的传言，迈特纳已经断断续续听到有好几个月了，但最终的结果是，她为发现裂变作出的贡献被诺贝尔奖委员会忽视了。

当英国广播公司报道哈恩获奖的新闻时，哈恩仍被扣押在英格兰的农场庄园。其他被扣押的科学家纷纷向哈恩表示祝贺，他们至少在那个夜晚可以对自己是德国人感到自豪。

而在瑞典，迈特纳的朋友们抱怨道，迈特纳因为是女性和犹太后裔而被忽视是不公平的。迈特纳对自己最亲密的朋友说过，她觉得自己被骗了。不管怎样，是她设计了哈恩的实验，并且对结果作了解释，在奥托·罗伯特·弗里施的合作下作出了证明。

迈特纳没能得奖的消息同样让很多科学家感到惊讶，有人公开反对这一决定。他们并不是反对表彰哈恩的成就，而是认为迈特纳和斯特拉斯曼都应该得到表彰。斯特拉斯曼作为哈恩和迈特纳的同事，他说："莉泽·迈特纳没有直接参与这'发现'……？［她］是我们团队的知识领袖，因此就是我们团队的一员，哪怕她没有出现在'裂变发现'现场，这一事实也不会改变。"

诺贝尔基金会一位成员的妻子，比吉特·布鲁姆·阿米诺夫（Birgit Broome Aminoff），恰好也是一位科学家，她给迈特纳写信说：

早在原子能实现规模性释放很久以前，在我看来［你］就已经达到了与很多诺贝尔奖获得者相提并论的地步。因此，你一定感到非常痛苦，在快要作出如今获得表彰的发现时，你因毫不相干的理由被迫离开实验室，以致失去了完成这一工作的机会，而这一工作恰好注定可以成为一位科学家在其漫长而专注的职业生涯中最自然不过的高峰。

迈特纳回信说：

哈恩获得诺贝尔化学奖当然是实至名归，这是毫无疑问的。但我相信我和弗里施对于铀裂变过程之澄清的一些贡献——它是如何发生的，以及它可能产生多大能量——绝非无关紧要，这是哈恩力所不及之处。基于这一理由，我认为，现在新闻媒体将我称为哈恩的一名**助手**，放在与斯特拉斯曼同等的位置，确实不太公道。您的来信因此成为具有双重意义的礼物；一句表示理解的热情话语足以意味深长。不胜感激。

决定谁将获得诺贝尔奖的过程，涉及一些实际的考量。比如，这是一次跨学科的发现，同时涉及化学和物理学，这就让一些科学家感到棘手，不知该如何分配物理学家迈特纳和化学家哈恩各自所作贡献的份额。同时，根据委员会的规则，诺贝尔奖最多只能由 3 个人共享，若要让迈特纳得奖,那么弗里施和斯特拉斯曼也应该得奖,这就有4位获奖者。实际上,在诺贝尔奖消息宣布之后,委员会也收到了关于迈特纳所作贡献的补充资料,但当时委员会内部出现了一种对抗情绪,不肯就这一决定作出修正。

物理学家沃尔夫冈·泡利认为迈特纳是错误时机的受害者。他写道:

在1944年,核裂变的重要性尚未被正式确认,化学家们主要对哈恩的工作感兴趣,因为他证明了费米[因超铀元素研究而获得]的诺贝尔奖是错发了。如果当时人们就知道裂变是如此重要,如果这奖能在战后颁发,那么,很显然,迈特纳应该被包括在内。一个伟大的实验得到人们理解常常需要好几年的时间。这个实验是在1939年做的,而大量关于裂变的工作在法国、英国和美国完成之后就立即被列入保密范围,因此裂变的重要性未能及时得到普遍认识。她应该在哈恩获得化学奖这一年获得物理学奖,因为她在拿到她相信的硬数据之后不到一个星期就迅速改写了这一理论。

然而,尽管迈特纳的同行们的支持可能有助于振作迈特纳的情绪,却无法改变这一事实:她就是被这个奖忽视了。

瑞典皇家科学院成员奥斯卡·克莱因(Oskar Klein)希望迈特纳可以在下一年得到提名和获奖。克莱因写信给尼尔斯·玻尔说:

在这样一个她不得不承受(可能现在仍将继续面对)的错误评估发生以后(不管怎样瑞典的物理学家对此是有责任的),我将其视为一份公道、一种必不可少的善后。毫无疑问这跟哈恩没有正确提及她和弗里施的成就有关,她在自己的文章里对待哈恩可是一直都很公道。

玻尔认为,哈恩获奖不能排除迈特纳和弗里施在下一年获得物理学奖的机会;他连续在 1946 年、1947 年和 1948 年提名他们获得当年的诺贝尔奖,却无功而返。实际上,迈特纳得到 15 次诺贝尔奖提名:11 次是化学奖,其中有 9 次是与奥托·哈恩一起,2 次与奥托·罗伯特·弗里施一起;另外 4 次是物理学奖,其中 2 次是独立的,1 次与哈恩,1 次与弗里施。但她终究未能获奖。

篡改历史

在原子弹轰炸发生以后最初几个星期和几个月里,迈特纳的名字常常见于报章杂志的关于裂变的解读文章里。事实上,哈恩对于迈特纳成为媒体红人感到非常苦恼,尤其不乐意看到类似"一名犹太人看出了端倪"这样的标题,而他自己的名字却难得被新闻媒体提及。哈恩想要名分;他想要宣称裂变是一项德国的发现,是他的发现。他眼中的历史根本就没有迈特纳由于可怕的政治局势而不得不离开德国之前所做的长期研究。哈恩并不打算与迈特纳分享这一发现,相反,他创造了他自己的版本,强调他和斯特拉斯曼"从未接触物理学,只是兢兢业业不间断地做化学分离而已。"

若说在 1939 年,哈恩是为了保护自己免受纳粹迫害而不得不与迈特纳划清界限,否认他们曾经共事的事实,那么,进入 1945 年,战争已经结束,他大有机会对实际情况进行澄清,承认他和迈特纳曾经并肩战斗以及他们都应该得到这一发现的名分。但是,哈恩坚持自己那个版本的历史而拒绝改口,他认为裂变是纯粹的化学发现,是他自己的发现,尽管迈特纳作为物理学家做了多年的研究。

哈恩一再复述这一版本,直到这一版本生根发芽:等到哈恩和其他几位德国科学家从英国的农场庄园获释,这些科学家也帮忙传播哈恩的这个版本,目的就是要将迈特纳从裂变是如何被发现的故事中清除出去。哈恩不仅没有对迈特纳的工作表示感谢,反而将她描述为一个满怀愤懑的失望女子,对他获奖深怀嫉妒。

为战争找理由

在第二次世界大战结束之后的岁月里,迈特纳发现哈恩的国家主义变得令人不安。哈恩从英格兰拘留地返回德国,发现面对自己的是粮食短缺、旅行受限及随处可见的断壁残垣。哈恩为德国争取战后援助而进行游说,强调他和他的同胞正在遭受巨大苦难。迈特纳非常担心,因为哈恩看上去对德国在战争期间的所作所为并不抱有一丝半点的悔意。她问道:“假如最优秀的德国人已经忘记了曾经发生过什么,那么德国如何才能再度获得世界的信任?”

迈特纳希望她的德国朋友们可以就毒气室和在他们自己国家犯下的其他暴行表示愤慨,以显示个人的责任,以及集体的、国家的罪责。在迈特纳看来,王顾左右而言他就是犯罪,保持沉默本身就是罪行。她对自己未能更早离开德国,未能做点什么——什么都行——以试图阻止在自己眼前发生的可怕罪行感到不寒而栗。

哈恩一点愧疚都没有。相反,他反复强调德国在战后岁月急需得到资金上的援助。他争辩说纳粹让德国在战前和战争期间备受摧残,现在又轮到同盟国在战后摧残他的祖国。迈特纳想不明白,难道德国人民真的相信,他们自己对战争期间的行为毫无责任吗?

当哈恩拒绝就德国的非人道且野蛮的行径公开表示道歉时,迈特纳简直大吃一惊。她写道:

> 我不认为[德国人民]充分了解由于他们的消极而给德国造成的命运。他们对德国所犯下的可怕罪行的了解就更加缺乏了。假如它最优秀、智力最优越的群体也不能洞察真相并为之感到心急如焚,迫切期待作出一切可能的补偿,那么世界怎么可能相信这个新德国?

在与迈特纳讨论的时候,哈恩强调德国对原子弹这一前所未有、万恶不赦的武器没有责任。迈特纳没有就这一点进行争辩,但她提醒哈恩,德国做了很多其他可怕的事情,不能企图用另一种难以言说的恐怖行为就将其掩盖。他没有回应。

迈特纳坚持认为,德国科学家对犹太人提供的支持来得太少也太晚。她提到德国科学院和德国物理学会相继开除爱因斯坦,理由是他是犹太人。她提到科学研讨会上曾经谴责所谓"犹太数学"和"犹太物理学"。她将哈恩与此类针对犹太科学家的行径等同起来,因为哈恩未能表明立场提出反对意见。"哈恩竭尽全力试图隐瞒过去,"她写道,"即使他一直真心痛恨和鄙视纳粹党徒,但由于他没有非常坚定的个性,也不是一个考虑周全的人,因此他只不过是自欺欺人而已。"

迈特纳对德国的战时暴行了解越多,她对哈恩的视若无睹就越感到不舒服。1945 年,她写信给哈恩:

> 当我从英国广播公司听到英美两国准备的一份讲述贝尔根-贝尔森和布痕瓦尔德[集中营]情况的非常客观的报告时,我忍不住失声痛哭,彻夜难眠。如果你也能看一眼从集中营侥幸归来的人就好了。他们应该强迫像[德国物理学家]海森伯(Heisenberg)这样的人,以及成千上万的和他差不多的人,都去看看那些地方,看看那些备受折磨的人们……但你从未有过失眠的夜晚,你就是不想去看——这真是太折磨人了……

哈恩没有回应她的指责。

诺贝尔奖颁奖典礼

在诺贝尔奖颁奖典礼举行前一个星期,迈特纳见到了刚刚抵达斯德哥尔摩的哈恩和他的夫人埃迪特(Edith)。迈特纳特意抽出时间,带哈恩夫妇在斯德哥尔摩观光,在市区购物,与朋友和同行共进晚餐。在哈恩接受采访时,迈特纳站在一边,听哈恩呼吁大家支援德国却从未提起过她。

颁奖典礼于1946年12月10日在瑞典的斯德哥尔摩举行,那天是诺贝尔逝世周年纪念日。迈特纳作为嘉宾出席。她给一位朋友写信说:"不管是不是喜欢,我都必须出席诺贝尔奖晚宴,那是我从未做过的事情。但如果我这一次没有出席,而在这个场合哈恩夫妇又将成为主宾,我担心事情可能会被误解。"

当时,全世界都在忙于为原子弹轰炸日本所展示出来的巨大杀伤力找理由。介绍哈恩的时候,主持人说:"发现重原子裂变引发了一系列后果,其本质让我们大家,实际上就是全人类,对其进一步研发抱有高度的期待,同时也怀有巨大的恐惧。"

轮到哈恩致辞,他认为世界已经进入核世纪。他说:"核物理反应的能量已经掌握在人类手中。应该将它用于支持自由科学思想、社会改良以及人类生存环境的改善呢,还是将它滥用于摧毁人类千百年来建立的一切?"他的演讲大部分时间都在总结为发现裂变而做的技术工作,但几乎没有提到迈特纳。

在诺贝尔奖颁奖典礼现场和事后,无论从个人角度还是从政治层面,迈特纳都对哈恩感到失望。她受到了伤害和羞辱,因为哈恩见记者的时候,几乎从未提及他们作为研究搭档一起工作的岁月。更糟的是,当他提到她的时候,他设法让记者觉得,迈特纳是他的一个学生或助手,而从来不是旗鼓相当的合作伙伴。

迈特纳给朋友写信说:"我感到非常痛苦,[哈恩]在采访中从来不会提到我,不会提到我们一起工作了30年。他的动机从某种程度看来是复杂的。他真的认为德国受到了不公正的待遇,越是这样,他越要隐藏过去。结果,他在这里的时候他唯一想到的就是为德国鸣不平。至于我,我是那被隐藏的过去的一部分。"

继续前行

第二次世界大战结束之后,许多科学家都想将原子弹放在一边而继续回到各自实验室研究原子能的和平用途。1947年,哈恩和斯特拉斯曼分别写信给迈特纳,希望她能回来担任她在威廉皇帝研究所的旧职,战后该研究所已经更名为马克斯·普朗克化学研究所。斯特拉斯曼在信中提到,哈恩"和我一样坚信,这对研究所将是最佳解决方案,只是他并不认为你愿意哪怕是考虑一下这个职位。我是一个乐观主义者,我觉得还是值得问问你怎么看。"

哈恩猜对了:迈特纳拒绝了这一职位。

她还没做好返回德国的心理准备。迈特纳写信给一位朋友说:"我个人认为我不能在德国生活。综观德国朋友们寄来的信件,加上我听说的关于德国的种种,德国人还没有意识到究竟发生了什么,他们彻底遗忘了未曾施加于他们身上的种种暴行。我不认为自己能在这样一种气氛下生活。"迈特纳和哈恩再也没有共事过。

不过,尽管迈特纳与哈恩有不同的世界观,但他俩依然联系紧密。迈特纳并不责怪哈恩成功获得诺贝尔奖,让她感到不悦的是他未能恰如其分地提到她对他的工作的贡献。至于哈恩为在希特勒德国活下去而做的各种令人遗憾的妥协,迈特纳没打算叫他负责,她认为哈恩需要反省的是,他没打算为自己当时所做的选择负责。

说到底,迈特纳依然视哈恩如同兄弟一般爱惜,只不过两人在重大议题上有不同的看法,两人之间出现了一道鸿沟。迈特纳再也不相信哈恩可以怀着公正和支持的心情对她平等相待。她对他的话感到失望,也对他没有说出来的话感到失望。她继续尊敬他作为一位化学家的智力和技能,但通过这些经历,迈特纳再未将哈恩视为知己好友。

第十五章

尾声:物理学家、和平主义者、现实主义者

到第二次世界大战结束之际,科学已经展现了改变世界的力量。裂变作为这场革命的核心,激发了全球领导人的想象力,他们开始畅想原子的巨大威力还能用来做什么。落在日本本土的两颗原子弹证明了裂变在战争期间可以具有骇人听闻的杀伤力,而关于修建核电站的建议计划则显示了裂变具有足够的潜力,可以在和平时期成为几乎无限量能源供给的来源。

裂变的威力能为人类所用,离不开伊雷娜·居里对人工放射性的发现以及莉泽·迈特纳在理解原子分裂机制上取得的突破。两位女性都将科学视为工具,用于推动社会进步,改善下一代的生活;当她们意识到裂变被用于制造人类有史以来威力最大的大规模杀伤性武器时,两位女性都感到万分悲痛。

第二次世界大战结束以后,迈特纳和约里奥-居里夫妇继续在各自的实验室为核电站的设计进行研究,但她们这些后续工作全然不能跟她们在第一次世界大战和第二次世界大战期间所做的重要工作相提并论。

伊　雷　娜

战后，伊雷娜成为法国原子能委员会成员，以及巴黎大学核物理与放射性系的系主任。她花了很多时间参加关于和平、禁止使用核武器条约以及女性权利等主题的国际研讨会，并发表讲话。在法国学术界，伊雷娜的成就几乎可以说是傲视群雄，但她直到1949年才达到自己的目标。在这一年，她达成了自己的终极理想，为这一天的到来，她已经花了30年的时间：她成为居里研究所所长，这是她母亲曾经担任的职位。

不过，哪怕伊雷娜拥有不同凡响的履历，她依然不能得到法国科学院院士的位置，该组织多年以前也曾拒绝授予她母亲居里夫人院士称号。伊雷娜试了好几次要加入，却都一一被拒绝，但她并不认为这是针对她个人。伊雷娜没有表示自己受到冒犯，反而说，“好吧，他们的想法至少是始终如一的。”

弗雷德里克的工作在战后第一年备受关注。法国总统查尔斯·戴高乐(Charles de Gaulle)任命他担任国家科研中心主管，这是法国最重要的研究机构。稍后，法国成立世界上第一个旨在民用的原子能委员会，戴高乐又任命弗雷德里克担任委员会主席。作为原子能委员会的领导人，弗雷德里克亲力亲为监督建成法国第一个核电站，该核电站于1948年12月15日投入运行。

不过，弗雷德里克和伊雷娜的民望没能持续多久。在20世纪50年代激进的反共产主义时期，约里奥-居里夫妇由于政治原因而遇到了麻烦，因为弗雷德里克是公认的共产党人，而伊雷娜作为反法西斯主义者，嫁给了一名共产党人。

1948年，当伊雷娜前往纽约，多次出席为西班牙内战难民募捐的大会并发表讲话时，美国一直对其保持密切关注。回想1921年，伊雷娜和她的母亲居里夫人初次抵达美国，她们受到了国家英雄一般的欢迎;而这一次,美国移民局一开始甚至不想让伊雷娜入境,将她扣留在埃利斯岛待了一晚上。美国司法部长认为资助伊雷娜此次访美之行的组织反法西斯难民联合委员会具有颠覆性。美国国会的非美活动委员会前不久刚对邀她赴美的东道主,纽约的外科医生爱德华·巴尔斯基(Edward Barsky)进行过调查,试图了解他跟难民委员会的关系。巴尔斯基拒绝交出自己的记录,因此被认定藐视法庭,判处了有期徒刑6个月。由于巴尔斯基与官方认为值得怀疑的这一组织有关,而伊雷娜又与他们有联系,因此也被认为有罪。

第二天,法国政府就伊雷娜被扣留一事提出抗议,她随后获得释放。记者们前来采访,问伊雷娜她在监狱度过的这一夜是怎样的。伊雷娜说,埃利斯岛的住宿条件完善,她有机会喝到不错的咖啡,还顺便补好了自己的长筒袜。她还解释说,无论当时还是以前她从来不是共产党人,并补充道:“我对自己被美国逮捕和扣留并不感到惊讶,因为我到这里来是要声援反法西斯主义者的,而在美国,人们宁愿要法西斯主义者和纳粹党人也不要共产党人。他们认为前两种人[法西斯主义者和纳粹党人]对钱的尊重更多一些。”

尽管一开始有点波折,但伊雷娜此次赴美行程进行得还是非常顺利。她给弗雷德里克写信说,一旦离开纽约,她就发现媒体变得公道而友好,大约900人出席了她离开美国前夕为她举行的晚宴。

同一时间,弗雷德里克的政治立场开始让他在法国遇到麻烦。弗雷德里克坚持认为,裂变只能用于和平用途,但法国和美国政府都在计划研制氢弹。随着冷战临近以及麦卡锡主义在美国高涨,美国政府开始对法国政府施压,要求解雇弗雷德里克。1950年,他不得不离开他在法国原子能委员会的主席职位。第二年,伊雷娜的任期届满,也没有得到留任,因为她拒绝谴责共产党。

这时候,伊雷娜和弗雷德里克都因个人政见而被进一步边缘化。1951年,伊雷娜前往斯德哥尔摩出席一个物理学研讨会,当地酒店一致拒绝让她入住。之后,英国政府拒绝发给她签证,使她无法出席在英国举行的一个科学研讨会。尽管她得过诺贝尔奖,但在她申请美国化学学会会员资格的时候,被拒绝了。甚至连老朋友们也在担心自己的名声可能因为与他们交往而受到牵连,从而渐渐疏远他们。

但是伊雷娜毫不畏惧,继续就自己感兴趣的科学课题进行研究。1955 年,她设计了一座新的核物理学中心和一套粒子加速器,它们最终于 1958 年在法国奥赛大学落成。伊雷娜还花更多时间陪伴家人,包括她的女儿埃莱娜和儿子皮埃尔,埃莱娜后来成为核物理学家,皮埃尔成为专攻光合作用的生物物理学家。

"我并不怕死"

伊雷娜患有结核病很多年,经常要花几个星期甚至几个月时间待在一所疗养院休养。她的病情直到第二次世界大战结束以后才有了实质性的好转,因为玛丽·居里的美国好友梅洛妮女士给她寄来了一种新的抗生素——链霉素。(这是第一种确认能够治愈结核病的药物,于 1946 年在美国完成研制和测试。)从 20 世纪 40 年代后期到 20 世纪 50 年代前半段,伊雷娜的健康状况比以往几十年大有改善,尽管多年接触放射性物质依然给她留下了不可逆转的长期损害。

1956 年 1 月,伊雷娜每天都在实验室工作。2 月,她独自启程前往他们家位于阿尔卑斯山的一处滑雪小屋,打算放自己几天假。但一到那里她就病倒了,不得不坐火车返回巴黎,自己办理手续住进了医院。没想到,从那以后她就再没有出院。

一辈子跟放射性元素打交道做研究的经历,终于让她病倒了:医生诊断她患了白血病,就是最终夺去她母亲生命的同一种疾病。当时,弗雷德里克患有放射性诱发的肝炎,病情严重,每次去看伊雷娜只有待上几分钟的力气。伊雷娜知道自己病情严重,不久就要离开人世。她告诉一位儿时好友:"我并不惧怕死亡。我有过这样无限精彩的人生!"

1956 年 3 月 17 日,伊雷娜·约里奥-居里因患白血病去世,享年

58 岁。

具有讽刺意味的是,让伊雷娜患上白血病的同一种放射性后来成为治愈这一疾病的一种方式。医生在治疗某些类型的白血病的时候,会给病人注射一定分量的放射性同位素,而这种同位素如果没有约里奥-居里夫妇发现人工放射性是没有办法研制成功的。这种疗法对伊雷娜来说来得有点太晚了,但她的工作奠定了基础,为日后得以拯救千万人生命的医学研究打开了通路。

而在弗雷德里克这边,他一度相当确定自己一定会死在伊雷娜前面,因此对于伊雷娜先于自己去世这一伤心时刻毫无准备。他在回复哈恩的哀悼信时写道:“我曾一度伤心欲绝,但最终通过发疯一样投入工作找到了振作起来的勇气。”

两年后,弗雷德里克去世,死因也是白血病,他称之为“我们的职业病”。

莉　泽

尽管莉泽·迈特纳未能获得诺贝尔奖,但在 1945 年 10 月她得知了瑞典皇家科学院宣布她当选外籍院士的消息。在该院成立 200 年历史上,她是寥若晨星的第三位女性院士,前面两位分别是 1748 年当选的伊娃·埃克布拉德(Eva Ekeblad)和 1910 年当选的玛丽·居里。

也是在这一年秋天,她接受邀请,前往美国首都华盛顿,在美国天主教大学教了一个学期的课,同时也在其他大学开设讲座,这些大学包括哈佛大学、普林斯顿大学和麻省理工学院。迈特纳对于会见同行专家感到非常兴奋,同时也很期待与自己的两个姐妹重逢,她们早已迁居美国。

1946 年 1 月,迈特纳刚到纽约就发现自己成了明星。尽管她没能获得诺贝尔奖,但是,在第二次世界大战后初期,她因在裂变研究上所做的工作而得到崇高的声誉。美国的全国女记者俱乐部将她选为

1946年的年度女性,在颁奖典礼上,她就坐在美国总统哈里·杜鲁门(Harry Truman)旁边。而当杜鲁门总统见到迈特纳时,他说:"你就是那个让我们卷入这一切的小妇人!"这一切指的是原子弹的研发。当然,迈特纳从未涉及任何关于武器的研究,她支持国际和平运动。她不愿意跟原子弹有任何关系,她对科学的兴趣自始至终都是学术性质,而非军事性质。

迈特纳在美国待了半年时间,在此期间她接受了许多媒体记者的采访,其中包括一位来自《星期六晚邮报》(*Saturday Evening Post*)的记者。在1946年做的这次采访中,迈特纳说:

> ……我不知道为什么大家会对我感到大惊小怪。我并没有设计原子弹。我甚至不知道原子弹长什么样,也不知道在技术角度上它是如何运作的。原子科学的突飞猛进是全体原子科学研究人员共同努力的结果。我们朝向一个共同目标,齐心协力积累我们的知识。我必须强调,当我做实验分裂原子的时候,我心里想的绝对不是将其用来制造杀伤性武器。是军事技术人员将我们科学家的发现放到了那样一种用途上,这不能怪罪到我们头上……我们不能仅仅看到原子能的第一个用途恰好是一种破坏性工具就得出过于悲观的结论。我们必须将其视为一种革命性的科学发现,并且,即便如此,很有可能这也只是迈向更了不起、也更有价值的目标——全面掌握运用原子能的艺术而造福全人类——的第一步。

离开美国之后,迈特纳决定返回瑞典。1947年,瑞典皇家技术研究所为她设立了一个职位,由原子研究委员会提供资助。最终,迈特纳拥有了属于自己的实验室,配备设备和助手,还有一笔可靠的收入。她可以做自己想做的实验,包括研究设计瑞典的第一座核电站,该核电站于1954年投入运营。1949年,迈特纳成为瑞典公民,继续工作到1953年退休,当时她已经75岁。即使到了退休之后,迈特纳依然继续出席讲座和研讨会，指导研究生，与博士生保持密切的合作。

战后，哈恩在德国成为备受推崇的科学家。他是少数得到同盟国信任的德国科学家之一，而且他成为马克斯·普朗克学会的主席。德国将他视为理想的科学家典范，他的形象出现在德国的奖章、建筑物、硬币和邮票上。

在迈特纳的德国同事里，奥托·哈恩不是唯一急于抹去自己在纳粹时期黑历史的人。1947 年，迈特纳收到德国几位前同事的信，他们曾经是纳粹党徒，现在却希望她能在德国的"去纳粹化"运动中为自己证明清白，这一运动旨在将纳粹党徒从战后德国各个具有影响力的职位清除出去。其中一位写信说自己的纳粹党籍根本就是一场误会，请求迈特纳写信替他解释，说他是一个不起作用的纳粹党徒。"您将是最适合对我进行评价的人之一。"这位前同事写道。她还收到来自一位前助手的信，内容也是差不多，而这个人曾在 1934 年提出过针对她的指控。此人有 3 个孩子，现在可能失去工作，甚至面临被捕。他告诉迈特纳，他对以往对她所做的事情感到遗憾，并信誓旦旦地说当时自己的行为"并非出于政治或反犹太人倾向……而是纯属心智不成熟……对于自己身为男性却要担任一位女性的下属，暗地里怀有抗拒情绪。最最尊敬的迈特纳教授女士，如果您能尽快回应我的请求，我将不胜感激"。

出于令人感到震惊的同情，迈特纳居然真的为这两位写了信。她认为"去纳粹化"运动莫名其妙且毫无意义，因为牵涉其中的人一定会想方设法提供假证明来保护自己进而免遭惩罚。经过一番字斟句酌，她为第一位写了这样一封信："我对你的[政治]党派和职位之细节知之甚少，因此从这个角度可以证明……你没有传播纳粹思想或以自己的方式把这些思想表达出来。"而对第二位同事，她写道："个人关系无论是好是坏，其动机往往比表面看来更加复杂……我当然愿意相信，反犹主义不是你当时的想法。"

还有一位检察官与迈特纳联系，了解库特·赫斯(Kurt Hess)的情况，赫斯是威廉皇帝研究所中一位咄咄逼人的纳粹党徒，曾经辱骂迈特纳，并在迈特纳找到机会于1938年逃离德国以前试图逮捕她。现在，这位检察官为了确认赫斯是否有罪，给迈特纳寄去了一份详细的问卷，试图了解赫斯做过什么。这一次，判定对方有罪或无罪的权力直接落在迈特纳的手上。但她选择保持沉默，直接将这封信扔掉，从未给予回复。

迈特纳能够原谅他人这一点，使她得以和哈恩维持朋友关系。这么多年以来他俩的关系时有波折。不过，等到他俩渐渐步入晚年，迈特纳开始变得有点像哈恩的大姐姐，跟他开玩笑，称他为"小哈恩"。只要哈恩开始谈论物理学，她就会打趣他说，"闭嘴，小哈恩，你哪里懂什么物理学。"当他们接近80岁的时候，迈特纳和哈恩曾经一起走上一次颁奖典礼的台阶，她悄声提醒他说："挺起胸来，奥托，不然他们就会认为我们已经老了。"

迈特纳在瑞典一住就是22年，在此期间她曾多次访问美国，去教书以及看亲戚。1953年，她已经75岁了，在一次物理学研讨会上不慎从楼梯上跌倒，但她自己站了起来，毫发无损，泰然自若继续自己的发言。她继续自己的研究工作，以爬山作为锻炼，直到81岁。

1960年，迈特纳迁居英国剑桥，成为她外甥弗里施的邻居。当时弗里施在剑桥大学自然哲学系担任系主任。她继续旅行和讲学，但频率有所降低。1964年，迈特纳在美国旅行途中心脏病发作，花了几个月时间才终于康复。

1966年，美国原子能委员会对整个裂变发现小组颁发恩里科·费米奖，包括迈特纳、哈恩和斯特拉斯曼。虽然不是诺贝尔奖，但这地位崇高的费米奖依然可以作为证据，证明国际学术界终于认可了迈特纳在裂变研究上的工作。这是第一次由美国人以外的科学家获得这一荣誉，也是第一次出现女性获奖者。迈特纳由于体力不支，无法亲自前往维也纳领奖，因此改为在她家为她颁奖。她用这笔15 000美元奖金在剑桥大学为自己的研究文档建了一个图书馆。

1967年,迈特纳因跌倒而导致髋骨骨折且发生过几次轻微卒中,她住进了英国剑桥的一所护理院。1968年10月27日,迈特纳去世,享年89岁。她被安葬于英国汉普郡的布拉姆利村,就在她挚爱的兄弟瓦尔特旁边。弗里施为她的墓碑选择的铭文是:“莉泽·迈特纳,一位从未失去仁爱之心的物理学家。”

迈特纳去世15年后,在德国的达姆施塔特,物理学家将铋和铁的同位素融合在一起,造出第109号元素,那是当时已知的宇宙中最重的元素。再过了15年,研究人员才得到许可,用自己选定的名字为这种元素命名。1997年,合成这一新元素的物理学家决定将这种新元素命名为鿏(meitnerium),以纪念莉泽·迈特纳。

伊雷娜·居里与莉泽·迈特纳一样,去世以后就被多数人遗忘。尽管居里这个姓氏可能在伊雷娜的生命里有过开启大门和提供机会的便利,但她母亲居里夫人的成就和名望终究还是压倒了伊雷娜的成就。只要提到“居里”,多数人首先想到的是玛丽,而不是伊雷娜。但其实这两位女性都是一流的科学家,各自都有值得世人称道和铭记的成就。

至于迈特纳,她的名声由于奥托·哈恩有计划地篡夺发现裂变的荣誉而受到损害,本来这份荣誉应该由他们共享。迈特纳与哈恩并肩工作了超过30年,作为共同作者在学术期刊发表了50多篇文章,然而,当他们终于登上自己职业生涯的顶峰——发现裂变现象,迈特纳却被排除在研究团队之外。哈恩选择了继续传播是他独自一人发现裂变的说法,完全无视迈特纳正确分析和解读了他的研究结果这一事实。迈特纳由于希特勒德国的恐怖统治而不得不逃离德国,这件事让她没有办法出现在现场以捍卫自己在历史上应有的一席之地。

伊雷娜和迈特纳这两位常常被忽略的女科学家,尽管可能不如20世纪其他一流科学家那么家喻户晓,但她们的贡献却是无可否认的。如果没有伊雷娜·居里发现人工放射性,没有莉泽·迈特纳在理解裂变过程取得关键突破,那么,核时代——带来了核能源与核医疗,当然也有改变人类历史进程的致命武器——将无从谈起。

时间轴

	1878	11月7日,莉泽·迈特纳出生于奥地利维也纳
9月12日,伊雷娜·居里出生于法国巴黎	**1897**	
	1901	迈特纳入读维也纳大学
玛丽·居里、皮埃尔·居里与安东尼·亨利·贝克勒耳获得诺贝尔物理学奖	**1903**	
	1905	迈特纳从维也纳大学毕业,获物理学博士学位
	1907	迈特纳迁居柏林,在柏林大学工作,与奥托·哈恩成为合作伙伴
玛丽·居里获得诺贝尔化学奖	**1911**	
	1912	迈特纳进入位于德国达勒姆的威廉皇帝研究所
	1914 **第一次世界大战在欧洲爆发**	
	1918	迈特纳与奥托·哈恩发现元素镤
	1923	迈特纳成为柏林大学物理系讲师

伊雷娜获得理学博士学位	**1925**	
伊雷娜与弗雷德里克·约里奥结婚	**1926**	
埃莱娜·朗之万-约里奥出生	**1927**	
皮埃尔·约里奥出生	**1932**	
伊雷娜与弗雷德里克·约里奥-居里获得诺贝尔化学奖	**1935**	
	1938	迈特纳逃离德国,进入荷兰
	1938	迈特纳发现裂变
	1939	迈特纳与其外甥奥托·弗里施合作发表文章阐述核裂变
为纪念玛丽和皮埃尔,第 96 号元素被命名为锔(curium)(该发现直到 1945 年才公布)	**1944**	
	1944	奥托·哈恩由于发现核裂变而获得诺贝尔化学奖,迈特纳被忽视
	1945 **日本遭到原子弹轰炸,第二次世界大战结束**	
	1945	迈特纳当选瑞典皇家科学院外籍院士
伊雷娜成为镭研究所所长	**1946**	
	1946	美国全国记者俱乐部评选迈特纳为年度女性
	1949	迈特纳与奥托·哈恩获得马克斯·普朗克奖
3 月 17 日,伊雷娜·居里去世,享年 58 岁	**1956**	

1960	迈特纳当选美国科学院外籍院士
1966	迈特纳、奥托・哈恩和弗里茨・斯特拉斯曼获得恩里科・费米奖
1968	10 月 27 日,莉泽・迈特纳去世,享年 89 岁
1997	为纪念莉泽・迈特纳,第 109 号元素被命名为铸(meitnerium)

术语表

α 粒子由两个质子和两个中子组成,在结构上与氦原子核相同,于 α 衰变中产生。α 衰变就是放射性原子核释放 α 粒子的过程。

原子是物质的基本组成单位。它包括一个结构紧密的原子核,以及原子核周围的带负电的电子,这些电子围绕原子核运行形成电子云。原子核由带正电的质子和不带电的中子组成。

原子序数是一个原子的原子核里所包含的质子的个数,它确定了元素在元素周期表的位置及其化学性质,比如熔点、沸点以及怎样与其他元素起反应。一个不带电或者说中性的原子,原子序数也等于其电子数。

β 粒子是由放射性原子的原子核释放的电子或正电子。β 衰变是放射性原子的原子核释放 β 粒子(电子或正电子)的过程。

链式反应指一个反应的产物引发下一个反应而形成的一系列事件。

衰变系,也叫作**衰变链**或**衰变序列**,是一系列衰变过程或变化,其中一种元素衰变成为一种新的元素,后者可能具有放射性,也可能不具有。这一系列反应在稳定的元素或同位素形成之际终止。比如,铀 238 衰变形成镭 226,后者衰变形成氡 222,氡 222 衰变形成钋 210,再衰变形成铅 206,而铅 206 是一种稳定的元素,衰变链至此结束。

电子是带负电的亚原子粒子。它们在原子的内部围绕原子核旋转,形成电子云。

裂变或**核裂变**是原子核分裂为较小几个部分的反应。一般情况下,裂变会释放中子和光子,同时释放大量能量。裂变是**嬗变**的一种形式,因为其导致的产物并不是与原来相同的元素或原来的原子。

γ射线是一种电磁辐射,具有极高的能量。它在放射性同位素衰变的过程中自然产生。它还可能经由雷击或其他一些天文现象而产生,核爆炸时的核裂变也是γ射线的一个来源。γ射线可以损害人体组织并引发癌症。

半衰期是指一个衰变样品中不稳定的放射性原子有半数发生衰变所需要的时间。比如,碳14的半衰期是5730年,这意味着一个样品需要5730年才衰变一半,余下的一半需要另外5730年才能再衰变其中一半(这时余下总共四分之一的样品)。换句话说,这份样品要花11 460年才能通过衰变减少四分之三。

重水是氧化氘 D_2O,是水的一种,包含多带了一个中子的氢的同位素。重水的氢原子因为包含一个中子,所以比普通氢原子重了一倍。普通水每百万个分子里面有156个含有氘,重水则达到997 500个,这导致重水的密度比普通水高约11%。

离子是带正电或负电的原子,其电荷源于电子和质子个数不一致。

同位素是一种元素的变体。一种元素的同位素虽然具有同样个数的质子,但其中子个数不同。比如,碳12、碳13和碳14是碳的三种同位素。由于所有的碳原子均有6个质子,因此这三种同位素就分别有6、7、8个中子。一种元素的不同同位素在元素周期表里只占同一个位置。同位素与**离子**不同,离子是电子个数与质子个数不一致的原子。

中子是不带电的亚原子粒子,其质量约等于质子。它们在原子核内。

核反应堆是借助裂变产生可持续核链式反应的设施。通常用于核电站以及为核潜艇和船只提供动力。核反应堆借助重水、普通水或固体石墨来控制反应速率。

元素周期表是基于元素的原子序数、化学属性和电子构造而给元素排序的一张图表。标准版本的格式是18列7行,另有两行列在下面。这一表格的设计显示了元素的周而复始的模式,可以用于建立元素之间的关系。

正电子，又叫**反电子**，是与电子相对的反物质或反粒子（意思是正电子与电子具有相同质量而电荷相反）。正电子通过放射性衰变或光子产生。

质子是带有正电的亚原子粒子，它的正电能够抵消电子的负电。每个原子核内存在一个或多个质子。原子核里的质子个数决定了原子的序数。每一种元素具有特定的原子序数。

亚原子粒子是原子的组成部分，包括质子、中子和电子。

嬗变或核嬗变是一种元素或同位素到另一种元素或同位素的变化，这种变化是核反应的结果之一。

超铀元素，又叫**铀后元素**，是原子序数大于 92 的元素。它们是在实验室中制造出来的，并不存在于自然界。所有超铀元素皆不稳定，它们在进行放射性衰变，成为其他比较稳定的元素。

铀是一种金属元素，原子序数 92。铀最常见的同位素是铀 238，包含 146 个中子，在自然界已经发现的铀矿里占 99.3% 的份额，余下 0.7% 是铀 235，包含 143 个中子。铀 235 比较不稳定，因此可以用于可持续的核反应。

人物表

卡尔·戴维·安德森(Carl David Anderson,1905—1991),美国物理学家,1932 年发现正电子,1936 年获诺贝尔物理学奖。

安东尼·亨利·贝克勒耳(Antoine Henri Becquerel,1852—1908),法国物理学家,发现天然放射性。1903 年与玛丽·居里和皮埃尔·居里分享诺贝尔物理学奖。他也是太阳辐射和磷光现象的研究专家。

尼尔斯·玻尔(Niels Bohr,1885—1962),丹麦物理学家,研究量子论和原子结构,提出了氢原子的玻尔模型。1922 年获得诺贝尔物理学奖。

路德维希·玻尔兹曼(Ludwig Boltzmann,1844—1906),奥地利物理学家,将统计学思想引入分子运动论,预见物质的属性可能会对其物理属性产生什么影响。迈特纳就读维也纳大学期间受到他的激励。他患有躁狂抑郁性精神病,1906 年自杀殒命,享年 62 岁。

詹姆斯·查德威克(James Chadwick,1891—1974),英国物理学家,1932 年发现中子。1935 年获得诺贝尔物理学奖。

迪尔克·科斯特(Dirk Coster,1889—1950),荷兰物理学家,格罗宁根大学教授。1938 年 7 月,他帮忙安排莉泽·迈特纳从德国出逃。

阿尔伯特·爱因斯坦(Albert Einstein,1879—1955),德国理论物理学家,提出了广义相对论。他的质能方程式 $E=mc^2$,为迈特纳发现裂变提供了启发。1921 年获得诺贝尔物理学奖。

恩里科·费米(Enrico Fermi,1901—1954),意大利物理学家,以研制出世界上第一座核反应堆“芝加哥一号堆”而闻名。常被称为“原子弹之父”。1938 年获得诺贝尔物理学奖。

赫尔曼·埃米尔·费歇尔(Hermann Emil Fischer,1852—1919),

德国化学家,为研究糖类结构作出具有开创性意义的工作,1902年获得诺贝尔化学奖。他主管由莉泽·迈特纳和奥托·哈恩合用的实验室。

阿德里安·福克(Adriaan Fokker,1887—1972),荷兰物理学家和音乐家。1938年7月协助莉泽·迈特纳逃离德国。

詹姆斯·弗兰克(James Franck,1882—1964),德国实验物理学家,证实了玻尔的原子模型。1925年获得诺贝尔物理学奖。1933年,希特勒上台之后,因是犹太人被迫辞去在柏林大学的教职。参与了美国"曼哈顿计划",但反对使用原子弹。

奥托·罗伯特·弗里施(Otto Robert Frisch,1904—1979),奥地利—英国物理学家,在同他姨母莉泽·迈特纳讨论时提出"裂变"一词。他1940年为原子弹的爆炸设计了第一个理论机制。

奥托·哈恩(Otto Hahn,1879—1968),德国化学家,莉泽·迈特纳的超过30年的研究搭档。他被誉为"核化学之父"。1944年获得诺贝尔化学奖。1946年出任威廉皇帝学会主席,1948—1960年担任马克斯·普朗克学会创始主席。

阿道夫·希特勒(Adolf Hitler,1889—1945),奥地利出生的德国政治家。1933—1945年担任德国总理,1934—1945年是纳粹德国的独裁者。

皮埃尔·约里奥-居里(Pierre Joliot-Curie,1932—　),法国生物学家,法国国家科研中心的研究人员。伊雷娜·约里奥-居里和弗雷德里克·约里奥-居里的儿子,法国科学院院士。

夏娃·居里·拉布伊斯(Ève Curie Labouisse,1904—2007),玛丽·居里和皮埃尔·居里的小女儿。作家、记者和钢琴家。1937年,完成她母亲的传记《居里夫人》(*Madame Curie*)。

保罗·朗之万(Paul Langevin,1872—1946),法国物理学家,研制出水下潜艇探测器。玛丽·居里和皮埃尔·居里的密友。1944—1946年担任人权联盟主席。1910年与玛丽·居里有过一次引起媒体轰动的绯闻。他的孙子娶了玛丽的外孙女(伊雷娜·约里奥-居里与弗雷德里克·约里奥-居里的女儿)。

埃莱娜·朗之万-约里奥(Hélène Langevin-Joliot,1927—),法国核物理学家,伊雷娜·约里奥-居里与弗雷德里克·约里奥-居里的女儿。巴黎大学核物理研究所核物理学教授。埃莱娜与迈克·朗之万(Michel Langevin)结婚,后者是保罗·朗之万的孙子,两人是在学习物理和化学的时候认识的。她父亲让她结婚后改为朗之万-约里奥这一姓氏,而不是简单地改为朗之万。

玛丽·"米西"·玛丁利·梅洛妮(Marie"Missy"Mattingly Meloney,1878—1943),美国记者、杂志主编、社会名流。发起了为玛丽·居里捐赠镭的活动,1921年安排玛丽赴美访问。

阿尔弗雷德·诺贝尔(AlFrédéric Nobel,1833—1896),瑞典化学家、工程师和发明家。拥有超过350项不同专利,包括一项炸药专利。他用自己的财富设立了诺贝尔奖。

伊达·诺达克(Ida Noddak,1896—1978),德国化学家、物理学家,1934年首先在一篇文章中提到裂变的可能性。这篇文章没能得到重视,因为她没有为自己提出的这一理论提供支持证据。

沃尔夫冈·泡利(Wolfgang Pauli,1900—1958),奥地利—瑞士理论物理学家,量子物理学先驱者之一,1945年获得诺贝尔物理学奖。

马克斯·普朗克(Max Planck,1845—1923),德国理论物理学家,率先提出量子论,1918年获得诺贝尔物理学奖。

威廉·伦琴(Wilhelm Röntgen,1845—1923),德国物理学家,1895年发现X射线(又称伦琴射线),1901年获得首个诺贝尔物理学奖。

欧内斯特·卢瑟福(Ernest Rutherford,1871—1937),新西兰出生的英国物理学家,被称为"核物理学之父"。建立了辐射半衰期的概念,确认了α辐射与β辐射的区别,建立了卢瑟福原子模型。1908年获得诺贝尔化学奖。

卡尔·曼内·西格巴恩(Karl Manne Siegbahn,1886—1978),瑞典

物理学家，以 X 射线光谱学研究而闻名，这一学科用以依据不同元素产生的 X 射线的波长来对元素进行辨识。1924 年获得诺贝尔物理学奖。

弗雷德里克·威廉·“弗里茨”·斯特拉斯曼（Frédéricrich Wilhelm “Fritz” Strassmann，1902—1980），德国化学家，与奥托·哈恩合作实验并最终发现原子核裂变。他拒绝与纳粹党合作，一度被列入黑名单。

利奥·齐拉（Leo Szilárd，1898—1964），匈牙利物理学家、发明家。1933 年提出核链式反应概念，与恩里科·费米一同申请核反应堆专利。1939 年，他和阿尔伯特·爱因斯坦写信给美国总统富兰克林·D·罗斯福，催生了曼哈顿计划。

查尔斯·威耳逊（Charles Wilson，1869—1959），苏格兰物理学家和气象学家，发明了威耳逊云室，这一装置可通过气体尾流显现亚原子粒子的运动。1927 年获得诺贝尔物理学奖。

本书参考文献可至上海科技教育出版社网站查阅，网址如下：

http://www.sste.com

Radioactive!:
How Irène Curie & Lise Meitner
Revolutionized Science and Changed the World
by
Winifred Conkling

责任编辑　王洋　伍慧玲
装帧设计　汤世梁

哲人石丛书
她们开启了核时代
——不该被遗忘的伊雷娜·居里和莉泽·迈特纳
威妮弗雷德·康克林　著
王尔山　译

上海科技教育出版社有限公司出版发行
(上海市柳州路 218 号　邮政编码 200235)
网址:www.ewen.co　www.sste.com
各地新华书店经销　上海商务联西印刷有限公司印刷
ISBN 978-7-5428-6626-4/N·1019
图字 09-2017-172 号

开本 635×965　1/16　印张 11　插页 4　字数 147 000
2017 年 11 月第 1 版　2017 年 11 月第 1 次印刷
定价: 30.00 元

哲人石丛书

当代科普名著系列　当代科技名家传记系列
当代科学思潮系列　科学史与科学文化系列

第一辑

确定性的终结——时间、混沌与新自然法则　13.50 元
伊利亚·普利高津著　湛敏译

PCR 传奇——一个生物技术的故事　15.50 元
保罗·拉比诺著　朱玉贤译

虚实世界——计算机仿真如何改变科学的疆域　18.50 元
约翰·L·卡斯蒂著　王千祥等译

完美的对称——富勒烯的意外发现　27.50 元
吉姆·巴戈特著　李涛等译

超越时空——通过平行宇宙、时间卷曲和第十维度的科学之旅　28.50 元
加来道雄著　刘玉玺等译

欺骗时间——科学、性与衰老　23.30 元
罗杰·戈斯登著　刘学礼等译

失败的逻辑——事情因何出错，世间有无妙策　15.00 元
迪特里希·德尔纳著　王志刚译

技术的报复——墨菲法则和事与愿违　29.40 元
爱德华·特纳著　徐俊培等译

地外文明探秘——寻觅人类的太空之友　15.30 元
迈克尔·怀特著　黄群等译

生机勃勃的尘埃——地球生命的起源和进化　29.00 元
克里斯蒂安·德迪夫著　王玉山等译

大爆炸探秘——量子物理与宇宙学　25.00 元
约翰·格里宾著　卢炬甫译

暗淡蓝点——展望人类的太空家园　22.90 元
卡尔·萨根著　叶式辉等译

探求万物之理——混沌、夸克与拉普拉斯妖　20.20 元
罗杰·G·牛顿著　李香莲译

亚原子世界探秘——物质微观结构巡礼 18.40 元

艾萨克·阿西莫夫著 朱子延等译

终极抉择——威胁人类的灾难 29.00 元

艾萨克·阿西莫夫著 王鸣阳译

卡尔·萨根的宇宙——从行星探索到科学教育 28.40 元

耶范特·特齐安等主编 周惠民等译

激情澎湃——科学家的内心世界 22.50 元

刘易斯·沃尔珀特等著 柯欣瑞译

霸王龙和陨星坑——天体撞击如何导致物种灭绝 16.90 元

沃尔特·阿尔瓦雷斯著 马星垣等译

双螺旋探秘——量子物理学与生命 22.90 元

约翰·格里宾著 方玉珍等译

师从天才——一个科学王朝的崛起 19.80 元

罗伯特·卡尼格尔著 江载芬等译

分子探秘——影响日常生活的奇妙物质 22.50 元

约翰·埃姆斯利著 刘晓峰译

迷人的科学风采——费恩曼传 23.30 元

约翰·格里宾等著 江向东译

推销银河系的人——博克传 22.90 元

戴维·H·利维著 何妙福译

一只会思想的萝卜——梅达沃自传 15.60 元

彼得·梅达沃著 袁开文等译

无与伦比的手——弗尔迈伊自传 18.70 元

海尔特·弗尔迈伊著 朱进宁等译

无尽的前沿——布什传 37.70 元

G·帕斯卡尔·扎卡里著 周惠民等译

数字情种——埃尔德什传 21.00 元

保罗·霍夫曼著 米绪军等译

星云世界的水手——哈勃传 32.00 元

盖尔·E·克里斯琴森著 何妙福等译

美丽心灵——纳什传 38.80 元

西尔维娅·娜萨著 王尔山译

乱世学人——维格纳自传 24.00 元

尤金·P·维格纳等著 关洪译

大脑工作原理——脑活动、行为和认知的协同学研究 28.50 元

赫尔曼·哈肯著 郭治安等译

生物技术世纪——用基因重塑世界 21.90 元

杰里米·里夫金著　付立杰等译

从界面到网络空间——虚拟实在的形而上学 16.40 元

迈克尔·海姆著　金吾伦等译

隐秩序——适应性造就复杂性 14.60 元

约翰·H·霍兰著　周晓牧等译

何为科学真理——月亮在无人看它时是否在那儿 19.00 元

罗杰·G·牛顿著　武际可译

混沌与秩序——生物系统的复杂结构 22.90 元

弗里德里希·克拉默著　柯志阳等译

混沌七鉴——来自易学的永恒智慧 16.40 元

约翰·布里格斯等著　陈忠等译

病因何在——科学家如何解释疾病 23.50 元

保罗·萨加德著　刘学礼译

伊托邦——数字时代的城市生活 13.90 元

威廉·J·米切尔著　吴启迪等译

爱因斯坦奇迹年——改变物理学面貌的五篇论文 13.90 元

约翰·施塔赫尔主编　范岱年等译

第二辑

人生舞台——阿西莫夫自传 48.80 元

艾萨克·阿西莫夫著　黄群等译

人之书——人类基因组计划透视 23.00 元

沃尔特·博德默尔等著　顾鸣敏译

知无涯者——拉马努金传 33.30 元

罗伯特·卡尼格尔著　胡乐士等译

逻辑人生——哥德尔传 12.30 元

约翰·卡斯蒂等著　刘晓力等译

突破维数障碍——斯梅尔传 26.00 元

史蒂夫·巴特森著　邝仲平译

真科学——它是什么，它指什么 32.40 元

约翰·齐曼著　曾国屏等译

我思故我笑——哲学的幽默一面 14.40 元

约翰·艾伦·保罗斯著　徐向东译

共创未来——打造自由软件神话 25.60元
彼得·韦纳著 王克迪等译

反物质——世界的终极镜像 16.60元
戈登·弗雷泽著 江向东等译

奇异之美——盖尔曼传 29.80元
乔治·约翰逊著 朱允伦等译

技术时代的人类心灵——工业社会的社会心理问题 14.80元
阿诺德·盖伦著 何兆武等译

物理与人理——对高能物理学家社区的人类学考察 17.50元
沙伦·特拉维克著 刘珺珺等译

无之书——万物由何而生 24.00元
约翰·D·巴罗著 何妙福等译

恋爱中的爱因斯坦——科学罗曼史 37.00元
丹尼斯·奥弗比著 冯承天等译

展演科学的艺术家——萨根传 51.00元
凯伊·戴维森著 暴永宁译

科学哲学——当代进阶教程 20.00元
亚历克斯·罗森堡著 刘华杰译

为世界而生——霍奇金传 30.00元
乔治娜·费里著 王艳红等译

数学大师——从芝诺到庞加莱 46.50元
E·T·贝尔著 徐源译

避孕药的是是非非——杰拉西自传 31.00元
卡尔·杰拉西著 姚宁译

改变世界的方程——牛顿、爱因斯坦和相对论 21.00元
哈拉尔德·弗里奇著 邢志忠等译

“深蓝”揭秘——追寻人工智能圣杯之旅 25.00元
许峰雄著 黄军英等译

新生态经济——使环境保护有利可图的探索 19.50元
格蕾琴·C·戴利等著 郑晓光等译

脆弱的领地——复杂性与公有域 21.00元
西蒙·莱文著 吴彤等译

孤独的科学之路——钱德拉塞卡传 36.00元
卡迈什瓦尔·C·瓦利著 何妙福等译

科学的统治——开放社会的意识形态与未来 20.00元
史蒂夫·富勒著 刘钝译

千年难题——七个悬赏1000000美元的数学问题 20.00元
基思·德夫林著 沈崇圣译
爱因斯坦恩怨史——德国科学的兴衰 26.50元
弗里茨·斯特恩著 方在庆等译
科学革命——批判性的综合 16.00元
史蒂文·夏平著 徐国强等译
早期希腊科学——从泰勒斯到亚里士多德 14.00元
G·E·R·劳埃德著 孙小淳译
整体性与隐缠序——卷展中的宇宙与意识 21.00元
戴维·玻姆著 洪定国等译
一种文化？——关于科学的对话 28.50元
杰伊·A·拉宾格尔等主编 张增一等译
寻求哲人石——炼金术文化史 44.50元
汉斯-魏尔纳·舒特著 李文潮等译

第三辑

哲人石——探寻金丹术的秘密 49.50元
彼得·马歇尔著 赵万里等译
旷世奇才——巴丁传 39.50元
莉莲·霍德森等著 文慧静等译
黄钟大吕——中国古代和十六世纪声学成就 19.00元
程贞一著 王翼勋译
精神病学史——从收容院到百忧解 47.00元
爱德华·肖特著 韩健平等译
认识方式——一种新的科学、技术和医学史 24.50元
约翰·V·皮克斯通著 陈朝勇译
爱因斯坦年谱 20.50元
艾丽斯·卡拉普赖斯编著 范岱年译
心灵的嵌齿轮——维恩图的故事 19.50元
A·W·F·爱德华兹著 吴俊译
工程学——无尽的前沿 34.00元
欧阳莹之著 李啸虎等译
古代世界的现代思考——透视希腊、中国的科学与文化 25.00元
G·E·R·劳埃德著 钮卫星译
天才的拓荒者——冯·诺伊曼传 32.00元
诺曼·麦克雷著 范秀华等译

素数之恋——黎曼和数学中最大的未解之谜 34.00元
约翰·德比希尔著　陈为蓬译
大流感——最致命瘟疫的史诗 49.80元
约翰·M·巴里著　钟扬等译
原子弹秘史——历史上最致命武器的孕育 88.00元
理查德·罗兹著　江向东等译
宇宙秘密——阿西莫夫谈科学 38.00元
艾萨克·阿西莫夫著　吴虹桥等译
谁动了爱因斯坦的大脑——巡视名人脑博物馆 33.00元
布赖恩·伯勒尔著　吴冰青等译
穿越歧路花园——司马贺传 35.00元
亨特·克劳瑟-海克著　黄军英等译
不羁的思绪——阿西莫夫谈世事 40.00元
艾萨克·阿西莫夫著　江向东等译
星光璀璨——美国中学生描摹大科学家 28.00元
利昂·莱德曼等编　涂泓等译　冯承天译校
解码宇宙——新信息科学看天地万物 26.00元
查尔斯·塞费著　隋竹梅译
阿尔法与奥米伽——寻找宇宙的始与终 24.00元
查尔斯·塞费著　隋竹梅译
盛装猿——人类的自然史 35.00元
汉娜·霍姆斯著　朱方译
大众科学指南——宇宙、生命与万物 25.00元
约翰·格里宾等著　戴吾三等译
传播,以思想的速度——爱因斯坦与引力波 29.00元
丹尼尔·肯尼菲克著　黄艳华译
超负荷的大脑——信息过载与工作记忆的极限 17.00元
托克尔·克林贝里著　周建国等译
谁得到了爱因斯坦的办公室——普林斯顿高等研究院的大师们 30.00元
埃德·里吉斯著　张大川译
瓶中的太阳——核聚变的怪异历史 28.00元
查尔斯·塞费著　隋竹梅译
生命的季节——生生不息背后的生物节律 26.00元
罗素·福斯特等著　严军等译
你错了,爱因斯坦先生!——牛顿、爱因斯坦、海森伯和费恩曼探讨量子力学的故事 19.00元
哈拉尔德·弗里奇著　S·L·格拉肖作序　邢志忠等译

第四辑

达尔文爱你——自然选择与世界的返魅 42.00 元
乔治·莱文著　熊姣等译

造就适者——DNA 和进化的有力证据 39.00 元
肖恩·卡罗尔著　杨佳蓉译　钟扬校

发现空气的人——普里斯特利传 26.00 元
史蒂文·约翰逊著　闫鲜宁译

饥饿的地球村——新食物短缺地缘政治学 22.00 元
莱斯特·R·布朗著　林自新等译

再探大爆炸——宇宙的生与死 50.00 元
约翰·格里宾著　卢炬甫译

希格斯——"上帝粒子"的发明与发现 38.00 元
吉姆·巴戈特著　邢志忠译

夏日的世界——恩赐的季节 40.00 元
贝恩德·海因里希著　朱方等译

量子、猫与罗曼史——薛定谔传 40.00 元
约翰·格里宾著　匡志强译

物质神话——挑战人类宇宙观的大发现 38.00 元
保罗·戴维斯等著　李泳译

软物质——构筑梦幻的材料 56.00 元
罗伯托·皮亚扎著　田珂珂等译

物理学巨匠——从伽利略到汤川秀树 61.00 元
约安·詹姆斯著　戴吾三等译

从阿基米德到霍金——科学定律及其背后的伟大智者 87.00 元
克利福德·A·皮克奥弗著　何玉静等译

致命伴侣——在细菌的世界里求生 41.00 元
杰西卡·斯奈德·萨克斯著　刘学礼等译

生物学巨匠——从雷到汉密尔顿 37.00 元
约安·詹姆斯著　张钫译

科学简史——从文艺复兴到星际探索 90.00 元
约翰·格里宾著　陈志辉等译

目睹创世——欧洲核子研究中心及大型强子对撞机史话 42.00 元
阿米尔·D·阿克塞尔著　乔从丰等译

我的美丽基因组——探索我们和我们基因的未来 48.00 元
隆娜·弗兰克著　黄韵之等译　李辉校　杨焕明作序

冬日的世界——动物的生存智慧 52.00 元

贝恩德·海因里希著　赵欣蓓等译

中微子猎手——如何追寻"鬼魅粒子" 32.00 元

雷·贾亚瓦哈纳著　李学潜等译　王贻芳等作序

数学巨匠——从欧拉到冯·诺伊曼 68.00 元

约安·詹姆斯著　潘澍原　林开亮等译

波行天下——从神经脉冲到登月计划 48.00 元

加文·普雷托尔－平尼著　张大川等译

放射性秘史——从新发现到新科学 37.00 元

玛乔丽·C·马利著　乔从丰等译

爱因斯坦在路上——科学偶像的旅行日记 45.00 元

约瑟夫·艾辛格著　杨建邺译

古怪的科学——如何解释幽灵、巫术、UFO和其他超自然现象 60.00 元

迈克尔·怀特著　高天羽译

她们开启了核时代——不该被遗忘的伊雷娜·居里和莉泽·迈特纳 30.00 元

威妮弗雷德·康克林著　王尔山译